청소년을 위한 법학 에세이

청소년을 위한
법학
에세이

곽한영 지음
부산대학교 일반사회교육과 교수

해냄

인간으로서 당연한 일이란 무엇인가?

무심히 채널을 돌리다가 어떤 분의 일생을 다룬 다큐멘터리를 보게 되었습니다. 본명은 김용현이지만 천주교 세례명인 '요한'으로 불리기도 하고 '씨돌'이라는 별명도 갖고 있는 이 분의 삶은 온통 고난으로 가득 차 있었습니다.

그는 1987년 민주항쟁 때는 맨 앞에 서서 시위를 주도하다가 진압 과정에서 숱하게 매를 맞았고, 이어진 대통령 선거에서 여당의 부정선거에 맞서 싸웠습니다. 같은 해에 군대에서 여당 후보를 찍으라는 상관의 명령을 거부했다가 폭행을 당해 정연관 상병이 사망한 사건이 있었습니다.

그는 여기에 얽힌 진실을 알리려고 자료를 모으고, 언론과 정치권에 알리다가 정보기관에 끌려가 모진 고문을 당하기도 했습니다. 결국 그의 노력으로 2004년 의문사 진상규명위원회에서 이 억울한 죽음의 진실이 밝혀졌습니다.

이후 그는 홀연히 사라졌다가 1995년 삼풍백화점 붕괴사고가 발생하자 매몰된 사람들을 구하는 현장에 자원봉사자로 뛰어들었습니다. 온 몸을 바쳐 사람들을 구하던 그는 현장이 마무리되자 다시 사라져 강원도 정선의 산속에서 자연을 벗하여 살아갑니다.

이곳에서도 사람들을 지키려는 그의 노력은 끝나지 않았습니다. 1999년

정선 지역에서 토종벌이 폐사하여 농가들이 큰 피해를 보는 일이 발생했습니다. 그는 폐사와 관련된 자료를 모으고 상세한 보고서를 써서 산림청의 항공방제가 원인이라는 점을 밝혀 농가들에 대한 피해보상을 이끌어냈습니다.

정선 봉화치에 산불 감시초소가 있는데 매일 여기에 한 시간 반씩 올라가 산불 감시를 한 사람도 김용현이었습니다. 덕분에 지난 30년간 봉화치는 산불 피해가 없었다고 합니다.

하지만 그는 젊은 시절 당한 고문의 후유증으로 몸이 정상이 아니었습니다. 고통이 너무 심해서 신발도 신을 수 없고 평소 잠도 제대로 자지 못했다고 합니다.

그의 이야기를 추적하던 다큐멘터리 팀이 2019년 그를 찾아낸 곳은 뜻밖에도 요양원이었습니다. 고문 후유증으로 혈압이 높던 상태에서 뇌출혈이 일어나 쓰러진 것입니다. 뇌손상으로 왼손을 제외한 온몸이 마비되고 말도 제대로 할 수 없었습니다. 취재진은 그에게 가장 궁금했던 질문을 던집니다.

"본인의 이해관계가 걸린 일도 아닌 일들에 온몸을 바쳐 사람들을 도우신 이유가 뭔가요?"

제대로 말을 할 수 없는 그는 흰 종이에 어렵사리 삐뚤빼뚤한 글씨를
써서 답합니다.

인간으로서 당연한 일

인간으로서 당연한 일….

여러 가지 생각이 겹쳐집니다. 그에게 '옳은 일'은 '당연한 일'입니다.
'당연'은 '그러해야만 하는 일'이고 따라서 '그러해야만 한다'는 가치 판단
을 전제로 하는 말입니다. 법학에서는 '당위'라고 부르기도 합니다. 당위
의 건너편에는 '사실'이 있습니다. 사실은 현실에 존재하는 사물들의 관
계를 '~해야 한다'가 아닌 '~이다'라고 있는 그대로 서술하는 것입니다.

현실에서 법적 다툼이 발생했을 때 중요하게 여기는 것은 '사실 관계'
입니다. 가해자는 누구이고 피해자는 누구인지, 언제 어디서 어떤 피해
를 어떻게 가했는지 밝히는 것이 재판의 거의 대부분입니다. 이렇게 사
실 관계가 확정되고 나면 이에 맞는 법이 적용되어야 합니다.

법은 우리 사회의 구성원들이 합의한 당위입니다. 아니, 당위라야 합
니다. 실제로는 많은 이들이 법조차도 미리 주어진, 이미 존재하고 있는

사실이라고 생각하기 때문입니다.

　청소년들에게 법에 대해 질문해 보라고 하면 대부분 법을 사실로 전제하고 있음을 알 수 있습니다. 도둑질을 하면 징역 몇 년을 받나요? 학교폭력을 저지르면 벌금이 얼마인가요? 잘 안 들리게 작은 목소리로 욕을 해도 명예훼손인가요?

　하지만 정작 물어야 하는 것은 '왜'입니다. 왜 도둑질을 하게 되었을까요? 왜 도둑질은 범죄인가요? 범죄란 무엇인가요? 왜 학교폭력은 그렇게 개념이 애매한가요? 타인에게 욕을 하는 것은 왜 금지되어야 하나요?

　그 대답은 '올바름'에 대한 것이라야 합니다. 무엇이 중요한 가치인가, 그것을 지키기 위해 어떻게 하는 것이 옳은가, 우리는 어떻게 살아야 하고 우리 사회는 어떤 모습으로 존재해야 하는가, 그리하여 도대체 정의란 무엇인가. 법의 목적인 '정의'는 '왜'라는 질문에 대한 '올바른' 대답을 찾는 일입니다. 법은 무엇이 당연한가를 묻는 일입니다.

　'당연함'에는 기준이 필요합니다. 김용현은 그 기준으로 '인간'을 제시했습니다. 인간이라면, 인간으로서 존재하고 살아가고자 한다면, 이렇게 하는 것이 당연하다는 것입니다. 달리 말하자면 그렇게 하지 않는 것은 인간이기를 포기하는 것이고 오로지 생존을 위해 살아가는 짐승이나,

삶이라는 조건 바깥에 있는 무생물처럼 존재하고자 하는 것입니다.

내 이익만을 위해 다른 사람들에게 피해를 주며 살아갈 수도 있습니다. 기분이 내키는 대로 약자를 조롱하고 혐오스런 발언을 내뱉으며 살아갈 수도 있습니다. 하지만 그것은 적어도 '인간'이 살아가는 방식은 아닙니다. 그렇게 살아가는 이들은 함께 사회를 구성하여 살아가는 인간 공동체의 일원으로서는 부적절한 사람들입니다.

법에 대해 배운다는 것은 이렇게 '인간으로서 당연한 일'을 머리로 배우고 뼈에 새기는 일이라야 합니다. 하지만 여전히 법에 대한 공부가 단지 존재하고 있는 실정법의 조각들을 사실로서 배우고, 암기하는 것이라고 생각하는 이들이 많습니다. 그렇게 해서 법은 '옳음'으로부터, 그리고 사람들로부터 분리되어 괴물이 됩니다.

그래서 에세이라는 형식으로 법을 이야기해 보면 어떨까 생각해 보았습니다. 더 많은 사람들의 땀과 눈물이 담긴 법의 이야기를 들려주고 싶었습니다. 법은 어느 한순간도 확정되어 있는 사실이 아니고, 늘 '인간다운 세상'이 무엇이어야 하는지 믿고 싸우는 수많은 사람들의 빛이 드리운 그림자라는 것을 말하고 싶었습니다.

미리 말하자면 법에 관련된 여느 책들과 달리 이 책에는 여러분의 의

문을 시원하게 풀어줄 어떤 답도 담겨 있지 않습니다. 오히려 더 많은 의문, 더 많은 생각의 씨앗들이 여러분을 혼란스럽게 할 것입니다. 소용돌이치는 생각의 엇갈림 속에 혼란스러워질 때면 다시 이 페이지로 돌아와보기 바랍니다. 망망대해를 떠도는 배가 밤하늘에서 북극성을 찾듯이 하나의 문장을 기억하기 바랍니다. 이 모든 이야기들은 단 하나의 질문에 답하기 위한 방황일 뿐입니다.

'인간으로서 당연한 일이란 무엇인가'

이 책과 함께하는 지적 여정이 더 크고 더 넓고 더 깊은 곳으로 여러분을 데려다줄 수 있기를 기대합니다.

2020년 6월
항구에 정박해 있는 거대한 배들을 바라보며
곽한영

1장   법, 신에게서 인간에게로

2장　헌법, 민주주의의 탄생

3장　법은 인권을 향해

4장 법을 지킨 사람들, 정의를 세운 사람들

5장 법과 인간을 둘러싼 끝나지 않은 논쟁

1장

법,
신에게서
인간에게로

1
저승에서 만난 재판관

✒ 법의 시작은 신화로부터

'법' 하면 제일 먼저 떠오르는 이미지가 무엇인가요?

종종 학생들을 대상으로 법 교육 캠프나 강연을 할 때 이 질문으로 시작의 문을 열곤 했습니다. 다양한 답이 나올 거라고 생각했는데 의외로 대개 비슷한 이야기들을 했습니다. 감옥, 수갑, 철창, 의사봉 등 주로 처벌과 강제에 관련된 이미지들이 많이 등장하더군요.

아마도 학생들에게 법은 '어기면 처벌을 가하는 무서운 대상'이라는 인상이 강한 모양입니다. 따지고 보면 이런 '인상'이 법의 시작입니다. 보통 법이라고 하면 문서로 되어 있는 법 조항들을 먼저 떠올립니다. 결국 이 조항들도 사람들의 규범에 대한 생각과 무엇은 옳고 무엇은 그르기 때문에 법은 이러이러해야 한다는 '법 감정'에서 비롯한 것이라고 할 수 있지요.

사회적 규범이 법전이라는 형태로 존재하기 전에는 어땠을까요? 그 당시 사람들의 법에 대한 관념을 엿볼 수 있는 대상 중 하나가 신화입니다. 신화의 등장은 단순한 이야깃거리 이상의 의미를 지니고 있었을 것입니다.

여러분이 지구의 자전에 대한 과학적 지식이 없는 시대에 태어난 사람이라고 상상해 보세요. 이런 생각을 하지 않았을까요? '어라, 세상이 밝아졌네. 점점 어두워지잖아! 우아, 완전히 컴컴해졌어. 큰일 났네…. 어? 또 밝아졌네? 도대체 어떻게 된 거지?'

불안에 빠진 사람들에게 필요한 것은 이런 변화를 타당하게 이해할 수 있도록 해주는 설명입니다. 그런 설명을 통해서 사람들은 이런 일들이 일어나는 이유를 알 수 있게 되고, 더 나아가서 앞으로 또 어떤 변화가 다가올 것인지 예측할 수 있게 됩니다. 그래야 마음 놓고 살아갈 수 있겠지요.

이렇게 논리적인 규칙을 통해 예측 가능한 세상을 만들어서 안정된 삶을 살아갈 수 있도록 하는 것이 바로 법이 등장하게 된 가장 중요한 계기입니다.

과학이 등장하기 이전에 그런 설명을 담당하던 것이 신화입니다. 그 예로 해가 뜨고 지는 것은 아폴론 신이 불타는 전차를 끌고 하늘을 달려가기 때문이라는 설명입니다. 밤하늘의 달이 반달이 되었다 초승달을 지나 다시 보름달이 되는 것은 늑대가 조금씩 베어 먹다가 너무 차가워서 도로 뱉어내기 때문이라는 식의 규칙성을 부여한 이야기입니다.

이렇게 옛 사람들의 신화를 살펴보면 사람들이 가지고 있던 법에 대한 관념 역시 간접적으로 확인할 수 있습니다.

또한 사람들이 현실 세계에서 자연의 변화 못지않게 불안해했던 것은 죽고 난 후에 벌어질 일들이었습니다. 도무지 예측 가능하지도, 그렇다고 피할 수도 없는 사후세계에 대해 당연히 많은 신화들이 생겨났습니다.

재미있는 것은 상당수의 문화권에서 사람은 죽은 후에 재판을 받는다는 신화가 발견된다는 점입니다. 시대와 공간을 넘어서 비슷한 현상이 발생한다는 것은 법에 대한 인간의 보편적인 관념을 보여준다고 할 수 있지 않을까요?

그나저나 왜 우리는 저승에 가면 재판을 받는다는 상상을 하게 된 것일까요?

✒ 이집트인들의 사후세계 안내서

사후세계의 재판에 대한 관념을 자세히 살펴보기 위해 이집트 『사자의 서』가운데 한 장면을 보여드리겠습니다.

먼저 책 제목에 대한 설명이 필요할 것 같습니다. 처음 이 제목을 접했을 때 도대체 '이집트 사자'는 어떤 동물인가, 그림 한가운데 있는 저 녹색 괴물을 말하는 건가, 하고 한참 헤맸습니다. 그런데 알고 보니 책 제목을 영어로 표현하면 'Book of the Dead', 그러니까 '죽은 사람을 위한 책'이라는 뜻이더군요.

이집트 사람들은 사후세계가 존재한다고 굳게 믿었기 때문에 다시 살아났을 때를 대비해 육신을 보존하고자 미라를 만들고 피라미드라는 거대한 집도 지었다고 합니다. 그런데 막상 부활한 후에 무슨 일이 벌어지

「사자의 서」에 수록된 삽화 중 일부. 심장의 무게를 재는 의식을 거쳐 신에게 재판을 받는 과정을 묘사했다.

게 될지 까맣게 모른다면 난감하겠죠? 그래서 '저승세계 가이드북'의 차원에서 만든 것이 바로 『사자의 서』입니다.

그림을 이해하려면 먼저 당시의 책이 지금과 다른 두루마리 형태였다는 것을 염두에 둘 필요가 있습니다. 잘라낸 종이들을 묶어서 만드는 현대의 책 제본 방식과 달리 옆으로 길게 펼쳐 보는 방식이다 보니 '한 장'이라는 구분이 없습니다. 그래서 위의 그림도 왼쪽에서 오른쪽으로 시간 순서에 따라 한 인물이 재판을 받는 과정을 보여주고 있습니다.

흰 옷을 입은 사람은 재판을 받는 '죽은 자'입니다. 왼편 끝에서 우리로 치면 저승사자에 해당하는 심부름꾼인 아누비스가 죽은 자를 데리고 등장합니다. 그다음엔 양팔저울이 보이죠? 아누비스가 죽은 사람의 심장을 저울 한 편에 올려두고 있습니다.

그렇다면 반대편에는 무엇이 올라갈까요? 그림 오른편 끝에 서 있는 여신의 모습이 보이나요. 정의의 여신 마트인데 그녀의 머리에는 독수리 깃털이 꽂혀 있습니다. 다시 약간 왼편으로 시선을 옮기면 독수리가 발톱으로 그 깃털을 움켜쥐고 운반하는 모습이 보이죠? 그 깃털이 죽은 자의 심장 반대편에 올라가게 됩니다.

저울을 통해 생전에 지은 죄와 다른 사람에게 베푼 덕, 그리고 신에 대한 공경 등을 잰 결과를 손에 종이와 펜을 들고 있는 지혜의 신 토트가 기록하여 오른편에 앉아 있는 태양신 오시리스에게 보고합니다.

오시리스가 격이 높은 신이라는 것은 그가 유일하게 앉아 있는 데다가 그 의자가 높은 단 위에 자리하고 있다는 것, 그리고 그가 손에 권위를 상징하는 지팡이와 총채를 들고 있다는 데서 알 수 있습니다. 신의 권위를 보여주는 이런 상징들은 다음에 나올 내용들과도 연관되니 잘 기억해 두세요.

+더 알아보기 **사자의 서**

　　고대 이집트에서 미라를 매장할 때 함께 묻었던 '사후세계 안내서'다. 파피루스 혹은 짐승의 가죽에 상형문자로 기록하여 두루마리 형태로 만들었다. 주로 죽은 자가 영생을 얻기를 기원하고, 신을 찬미하는 내용, 사후세계에 대한 묘사가 쓰여 있다.

　　『사자의 서』에 의하면 죽은 자는 사후세계에 들어가 여러 가지 관문을 거친다. 각 관문마다 그곳을 지키는 신 또는 문지기가 있는데 이들에게 적절한 경의를 표해야만 통과할 수 있다. 그리고 죽은 자는 최종적으로 오시리스의 심판대에 선다. 여기에서 부활이 결정된다면 온전한 육체가 필요하기 때문에 이집트인들은 시신을 미라로 만든 것이다. 심장을 잃은 자는 영혼이 현세에 가지 못하는 형벌을 받는다.

　　『사자의 서』에는 이처럼 죽음과 사후세계에 대한 이집트인들의 세계관이 담겨 있어, 매우 중요한 연구 자료가 된다.

보고를 받은 오시리스는 이 사람을 환생시킬지 말지를 결정합니다. 만약 생전에 지은 죄가 많다면 저울 아래에 웅크리고 앉아 있는 괴물 암무트가 심장을 날름 먹어버리고, 그러면 환생은 불가능해지는 것이지요.

이렇게 신화 속에 당시 사람들의 생각, 법과 규칙에 대한 관념이 담겨 있다는 점을 알 수 있습니다. 그렇다면 이집트 『사자의 서』에서 읽어낼 수 있는 법에 대한 관념은 어떤 것일까요?

✎ 왜 죽은 뒤에 재판을 받는가?

'죽은 후에 재판을 받는다'는 관념은 우리에게도 있습니다. 저승을 다스리는 것으로 알려져 있는 염라대왕의 직분이 사실은 이런 재판관이지요. 불교에서는 재판을 한두 번도 아니고 열 번이나 받는 것으로 되어 있어서 열 번의 재판을 담당하는 열 명의 왕을 '십왕' 혹은 발음하기 쉽게 시왕*이라고 부릅니다. 염라대왕은 이 가운데 다섯 번째 왕입니다.

서양의 기독교 문화권에서도 사후세계의 심판을 자세하게 묘사하고 있죠. 그렇다면 죽은 사람이 재판을 받는다는 관념은 왜 보편적으로 등장하게 된 것일까요?

첫 번째로 생각해 볼 수 있는 원인은 통치 수단입니다. 어느 시대, 어느 사회에나 통치를 담당하는 지배 계급과 그 대상이 되는 피지배 계급이 있게 마련입니다. 소수의 지배 계급이 다수를 통치하는 데에는

시왕
죽은 자는 시왕 중 7명의 대왕에게 순서대로 각각 7일씩 49일 동안 심판을 받는다. 살면서 죄업을 많이 지은 자는 49일 이후 3명의 대왕에게 다시 심판을 받는데, 죽은 후 100일이 되는 날은 제8 평등대왕, 그리고 1년이 되는 날에는 제9 도시대왕, 3년째에는 제10 오도전륜대왕의 심판을 받아 총 3년 동안 명부시왕의 심판을 받는다.

'규범을 지키지 않으면 벌 받는다, 지옥에 간다' 하는 식의 협박이 유용한 수단이었을 것입니다. 정치 공동체가 커짐에 따라 종교가 정치와 결합하는 경향이 나타나는 것도 같은 이유에서입니다. 이런 결합은 현세에서의 통치를 편리하게 할 뿐 아니라 정당화하는 수단이 되었습니다.

하지만 옛날 사람이라고 해서 순진한 바보이기만 했던 것은 아닙니다. 저승에서의 처벌을 강조하는 것이 통치 수단이라는 것을 전혀 모르지는 않았을 것이라는 얘기입니다.

많은 사람들이 저승에서의 재판이라는 관념을 받아들인 것은 그것을 정말로 믿어서라기보다는 그들 자신을 위해서도 그렇게 믿어야 할 필요가 있었기 때문입니다. 현실에는 정말 어처구니없을 정도로 불공정한 일들이 가득하니까요.

나쁜 사람들이 벌을 받고 착하고 성실한 사람들이 복을 받는 것은 누구나 알고 있는 인과응보의 정당한 원칙입니다. 이런 당연한 일을 우리는 '정의'라고 부릅니다.

하지만 현실이 어디 그런가요? 나쁜 사람들은 큰 이익을 챙기고 권력까지 잡아 떵떵거리고 사는 한편, 땀 흘려 열심히 일하고 남을 도운 사람들이 오히려 피해를 보고 억울한 손해를 보는 일이 비일비재한 것이 현실입니다.

이런 괴리는 사람들에게 어떻게 살아가는 것이 옳은 일인지 혼란을 주고 불안과 분노에 시달리도록 만듭니다. 현실 세계에서 부정과 불의가 완벽하게 해소될 수 없다면 죽은 다음에라도 선악의 정산이 제대로 이루어져서 '정의의 균형'이 맞춰진다는 믿음이 있어야 오늘을 살아갈 수 있지 않을까요? 저승에서의 재판이라는 관념을 만들어낸 두 번째 원인은 이런 '정의에 대한 갈망'입니다.

문제를 하나 내볼까요? 이집트『사자의 서』에 나타난 재판에서 저울이 심장과 깃털 중 어느 쪽으로 기울어야 환생할 수 있을까요? 여기까지 글을 꼼꼼하게 읽어왔다면 쉽게 답할 수 있을 겁니다.

신화에 따르면 어느 한쪽으로도 기울지 않고 양쪽이 평형을 이루어야 합니다. 정의란 균형의 문제이기 때문입니다. 눈금저울이 아닌 양팔저울이 법의 상징으로 자리 잡게 된 이유입니다. 또한 이런 상징은 정의가 기본적으로는 질서 유지, 현재 상태의 균형점을 지켜나가고자 하는 보수적인 성격을 지니고 있음을 은유적으로 보여주기도 합니다.

✎ 세상을 움직이는 초월적인 진리, 법?

흔히 우리는 사람에 의한 통치를 의미하는 '인치(人治)'는 나쁜 것이고 법에 의한 통치인 '법치(法治)'는 좋은 것이라고 말하곤 합니다. 하지만 따지고 보면 법치도 법을 만들고, 적용하고, 집행하는 인간에 의한 것이니 인치와 법치가 크게 다른 것은 아니지 않나 하는 생각도 듭니다.

세상의 옳고 그름의 균형, 정의를 유지하는 재판을 저승의 신들이 담당한다는 신화에는 거기에 적용되는 법 또한 인간의 것이 아닌 신의 원칙과 판단에 따른 것이라는 생각이 내포되어 있습니다.

즉, 개인적인 이해관계에 얽혀 있고 지식도 짧으며 불완전한 인간에 의한 판단이 아닌, 완벽하고 절대적이며 보편적인 신에 의한 판단이 재판의 본질이며, 여기에 적용되는 법이란 개별적인 인간의 지혜 이상이라는 인식이지요.

재판정이 신전을 본 따 만들어진 것이나 법관의 옷이 제사장 혹은 사제의 복장에서 비롯된 것은 당연한 귀결이라고 할 수 있습니다.

이런 관념을 뒤집어 말하자면, 그런 신의 권위를 빌려야만 사람들이 수긍하고 따를 수 있는 판결을 내리는 것이 가능했다고 할 수 있습니다. 대나수의 사회에서 통치의 권위와 법의 힘은 이렇게 초월적 존재로부터 비롯한 것으로 묘사되어 왔으며, 인간의 지혜를 넘어 보편적으로 존재하는 질서라는 자연법*에 대한 관념도 이렇게 만들어졌습니다.

당연히 법에 대한 상징물들도 신의 의지로서의 법, 초월적이고 자연적인 원칙으로서의 법을 강조하는 형태로 시작되었습니다. 다음 꼭지에서는 지금까지도 우리 사회에서 널리 쓰이고 있는 법의 상징물들에 대해서 살펴보도록 하겠습니다.

> **자연법**
> 자연법(natural law)은 인위적인 가치에 대칭되는 것으로, 자연히 존재하여 언제, 어디서나 유효한 보편적·불변적 법칙을 말한다.

생각해 볼 문제

Q. 나는 일상생활 속에서 언제 법을 경험했나요? 나에게 법은 어떤 이미지로 떠오르나요?

Q. 내가 법의 상징물을 만든다면 무엇으로 법의 의미를 표현할 수 있을까요?

Q. 법이 없다면 우리의 삶은 어떤 모습일지 구체적으로 이야기해 봅시다.

2
법의 상징이 된
해태와 유니콘

✎ 법이 法이 된 이유

　어떤 대상에 대한 사람들의 관념을 쉽게 확인할 수 있는 방법 중 하나는 그 대상을 지칭하는 말이 어떻게 만들어졌는지를 살펴보는 것입니다. 사람에 대해 생각하는 일에서 '사랑'이라는 말이 나오고, 왼손잡이를 나쁘게 생각하던 관념에서 그 반대편 손을 '옳은 손'이라 여기다가 '오른손'이 되듯이, 언어는 사람들의 생각을 비치는 거울과 같습니다.

　그렇다면 '법'이라는 말에는 어떤 의미가 담겨 있을까요?

　우리말에서 법은 '글씨 쓰는 법', '운전하는 법'과 같이 '해야 할 도리나 정해진 이치'라는 의미를 지니고 있습니다. 이미 말 자체에 당연히 따라야 하는 옳은 방식이라는 의미가 담겨 있는 셈이지요.

'법(法)'이라는 한자의 성립 과정은 이보다 조금 더 복잡합니다. 흔히 이 한자를 물 수(氵) 변과 갈 거(去)로 나누어 '물에 흘려 보낸다'는 의미로 해석하는 경우가 많습니다. 사람과 사람 사이에 갈등이 생겼을 때 갈등을 물에 흘려보내고 화해하도록 하는 것이 법의 기능이라는 설명이지요.

하지만 이런 설명은 중국에서 '法'이라는 한자의 변화 과정을 보았을 때 타당성이 떨어지는 해석으로 생각됩니다.

아래 그림은 가장 오래된 '法'의 표기 방식입니다. 글자의 왼쪽 위에 묘사된 것이 무엇으로 보이나요? 네모난 제사상을 앞에 두고 제사를 지내고 있는 사람의 모습입니다. 그 앞으로 위에서 아래로 흘러가고 있는 물의 모습이 보이죠? 이런 '자연의 뜻, 신의 의지를 담고 있는 것이 바로 법'이라는 뜻을 담고 있는 상형문자라고 볼 수 있습니다. 사람과 제사상이라는 상형문자가 점차 간소한 형태로 바뀌다 보니 갈 거(去) 자로 모양이 바뀌게 된 것이지요.

이렇듯 법이라는 한자에는 '신과 자연의 초월적 규범'이라는 의미가 담겨 있는 셈입니다. 앞에서 '신의 재판'이라는 관념을 통해 법의 의미가 강조되었다'고 한 것과 일맥상통하는 면이 있죠?

그렇다면 '물에 흘려보내다'라는 해석은 어떻게 등장하게 된 것일까요? 추측이긴 하지만 아마 일본 학자들의 해석이 우리나라에도 전해진 것이 아닐까 싶습니다.

법(法) 자의 금문(金文). 청동기 시대에 새겨진 문자다.

에도시대

도쿠가와 시대라고도 한다. 에도 막부가 정권을 잡은 시기를 말한다. 1603년 3월 24일부터 1868년 5월 3일, 에도 성이 메이지 정부군에 함락되는 때까지 265년간 계속되었다.

일본의 전통 사회, 특히 에도시대*에는 공간적·계층적 이동이 극히 제한되어 있었기 때문에 공동체 구성원 간의 관계가 대단히 밀접했습니다. 조상들이 그랬듯이 후손들도 계속 얼굴을 맞대고 살아가야 할 마을 사람들 사이에 분쟁이 발생한다면 대단히 불편한 일이겠죠? 그래서 웬만한 분쟁은 덮고 넘어가는 것이 미덕처럼 여겨지다 보니 '물에 흘려보내다'라는 숙어가 생겼는데 이것이 단어의 해석에도 영향을 준 것 같습니다. 단어의 해석에도 그 사회의 상황이 영향을 준다는 게 재밌지 않나요?

여담이지만 일본은 다른 나라들에 비해 소송 건수가 적은 편입니다. 가끔 우리나라에서 소송이 너무 많다는(소송을 남용한다고 해서 '남소'라고 합니다) 문제를 제기하는 분들이 일본을 좋은 예라고 드는 경우가 있습니다.

물론 불필요한 소송으로 사회적 비용이 낭비되는 것은 경계해야 할 일이지만, 개인의 권리가 침해되었을 때 억눌러 참게 만드는 사회가 더 나은지는 의문입니다. 오히려 정해진 제도와 절차를 통해 그때그때 갈등을 해소하는 것이 더 건강한 일이 아닐까요? 여러분의 생각은 어떤가요?

옳고 그름을 잘 구별하는 동물, 해태

앞 그림에서 법(法)의 옛 글자 오른편을 보면 낯선 글자가 하나 자리 잡고 있습니다. 너무 획수가 많아서 나중에 생략된 글자인데 무엇처럼 보이나요? 뿔 달린 머리, 다리, 꼬리… 뭔가 무서운 괴물처럼 보이지 않나요? 바로 동양에서 법을 상징하는 대표적인 상상 속의 동물인 '해태'입니다.

해태라는 이름은 많이 들어보았지요? 먼저 이름에 관한 문제를 바로 잡을 필요가 있습니다. 간혹 해태는 한자어고 '해치'가 순우리말 아니냐는 질문을 받습니다. 그런데 '豸'라는 한자 자체가 '태'와 '치'라는 두 가지 음으로 읽히기 때문에 둘 다 같은 말입니다.

예로부터 해태는 옳고 그름과 선악을 잘 분별하는 동물로 여겨졌습니다. 잘못을 저지른 것으로 의심되는 사람들을 그 앞에 데려다 놓으면 죄가 있는 사람만 골라 뿔로 들이받는다고 믿었지요. 그래서 사법기관 앞에 해태의 상을 두거나 관복에 해태를 새겨 넣기도 했다고 합니다.

해태의 신화에서 눈여겨볼 것은 최종적인 판단을 해태에게 맡겼다는 점입니다. '의심되는 사람을 데려다 놓았다'는 말에는 이미 잘잘못을 가릴 법이 존재하고, 그 사람들을 잡아 올 행정력이 있으며, 데려다 놓을 사법기관이 있다는 것이 암시되어 있습니다. 그럼에도 불구하고 최종적

경복궁에 있는 민둥머리 해태상.

으로는 관원이 아닌, 심지어 인간도 아닌 동물 해태에게 판단을 맡긴 이유는 무엇일까요?

이것은 죄와 벌을 가리는 판단이 동료인 인간의 의지에 의해 이루어진 것이 아니라 초월적인 자연의 법과 신적 판단에 의해 이루어진 것임을 강조하려는 의도라고 볼 수 있습니다.

이런 '신에 의한 판단'을 바탕으로 한 재판을 '신판(ordeal)'이라고 합니다. 신판에 관련된 내용은 뒤에 다룰 마녀재판에서 좀더 자세하게 설명하겠습니다.

해태의 특징 중 하나는 머리에 뿔이 달려 있다는 것입니다. 죄가 있는 사람을 들이받아 징벌했다는 이 뿔은 법이 가지고 있는 강제력을 상징합니다. 그러다 보니 머리에 뿔이 있는 다른 짐승이 법의 상징으로 사용되기도 합니다.

대표적인 것이 양입니다. 정의라는 말에서 의(義) 자 윗부분에 양(羊)이 올라앉게 된 이유입니다. 우리나라의 대검찰청에 가면 해태 대신 양의 조각상이 전시되어 있는 것을 볼 수 있습니다.

하지만 현재 우리나라에 남아 있는 조각상의 숫자로 보면 원조인 해태의 숫자가 압도적으로 많죠. 여기엔 좀 색다른 이유가 있습니다. 요즘은 집을 지을 때 쇠나 콘크리트를 주재료로 쓰는 경우가 많아졌지만 예전엔 나무를 쓰는 경우가 대부분이

양 양(羊) 자는 양의 뿔이 아래로 자란 모양을 본뜬 상형문자다.

었습니다. 그러다 보니 화재에 취약한 것이 가장 큰 걱정이었습니다.

해태가 사람들 간의 다툼을 해결해서 없애는 것이 불을 끄는 것과 마찬가지라고 여겨지면서 '해태는

불의 기운을 먹어 없앤다'는 속설이 퍼졌고, 해태의 다리와 몸에 물고기의 비늘 같은 장식도 덧붙게 되었습니다. 그래서 궁궐을 지을 때 왕실의 권위를 살릴 겸 여기저기 해태상을 두게 되었습니다.

또한 해태상을 만들 때 뿔처럼 튀어나온 부분은 만들기도, 보존하기도 어려워서 점차 작아지거나 생략되어 현재 우리가 알고 있는 민둥머리 해태상이 만들어지게 되었습니다.

✒ 유니콘이 정의의 여신과 만난 사연

뿔이 있다는 이유로 법의 상징이 된 동물은 서양에도 있습니다. 대표적인 것이 머리에 뿔이 하나 달린 말, 유니콘입니다. 해태처럼 환상 속의 동물로 알려진 유니콘이 법의 상징이 된 데에는 조금 더 복잡한 사연이 있습니다. 이 얘기를 하려면 가장 유명한 법과 정의의 상징인 '정의의 여신'에 대한 설명을 먼저 해야 할 것 같습니다.

앞에서 이집트 『사자의 서』에 대한 설명을 하면서 태양신 오시리스의 뒤에 서 있는 여신 마트를 정의의 여신이라고 소개했지요? 이집트 문명은 지중해를 건너 그리스 문명에도 영향을 주게 되는데 이렇게 탄생한 여신이 바로 정의의 여신 '디케'입니다.

이집트 신화에서는 마트 여신의 머리에 꽂은 깃털이 중요한 역할을 했지만, 그리스 신화에서는 신들이 대장장이, 심부름꾼, 사냥꾼처럼 어떤 역할이나 직업의 상징들을 직접 맡았기 때문에 정의의 여신이 탄생하게 되었습니다.

디케는 깃털 대신 이집트 『사자의 서』에 등장했던 저울을 손에 들고 있

아스트라이아

아스트라이아는 다른 신들이 인간의 타락에 절망해서 하늘로 올라갔음에도 마지막까지 지상에 머물면서 사람들에게 정의를 계속 호소했다.
그러다 결국 거듭되는 악행을 보다 못해 철의 시대에 이르러 지상을 떠났다고 한다. 올라갈 때 자신이 들고 있었던 천칭을 하늘에 걸어서, 그것이 천칭자리가 되었다고 전해진다.

었으므로 나중에 별자리 가운데 양팔저울 모양의 천칭자리를 하늘로 올라간 정의의 여신으로 여겼습니다. 그래서 '별의 여신'이라는 뜻으로 아스트라이아 라고 불리기도 했습니다. 정의의 여신이 하늘로 올라간 이유는 인간의 악행과 부정의를 도저히 견딜 수 없어서였다고 하는데 왠지 좀 부끄러워지네요.

이집트 『사자의 서』에서 이 양팔저울이 균형, 현상 유지를 지향하는 법의 보수적 성격을 보여준다고 했지요? 정의의 신이 무서운 힘을 휘두르는 남성이 아니라 여성으로 설정된 것도 여성의 보살핌, 안정과 균형이라는 이미지 때문이었던 것으로 추측됩니다.

재미있는 점은 신화 속에서 디케가 최고의 신 제우스와 법의 신 테미스가 낳은 계절의 여신 세 자매 중 하나라는 것입니다. 다른 두 딸은 질서의 여신 에우노미아, 평화의 여신 에이레네입니다. 신과 법이 만나서 정의, 질서, 평화를 낳았다는 의미이니 그럴듯하지 않나요?

'정의의 여신' 하면 떠오르는 세 가지 상징물은 한 손에 든 저울, 다른 손에 쥔 칼, 그리고 눈에 두르고 있는 안대입니다. 저울은 이미 설명했고, 칼은 후대에 추가된 것으로 보입니다.

그리스 신화에서 디케는 초반에 악행을 보면 아버지 제우스에게 달려가 처벌해 달라고 알리는 역할을 하다가(태양신 오시리스의 뒤에 서 있는 마트 여신의 모습이 떠오르죠?) 나중엔 직접 처벌을 하기도 하는 것으로 바뀝니다.

특히 중세에 들어 교회 건물에서 재판하는 일이 잦아지면서 법의 상징인 정의의 여신과 『성경』에 등장하는 대천사 미카엘이 무기로 악마를

무찌르는 이미지와 중첩되면서 손
에 칼을 든 모습으로 형상화된 것
으로 보입니다.

그럼 안대는 어떤 의미일까
요? 사실 안대는 정의의 여신
상에서 가장 왜곡된 부분입니
다. '눈앞에 온 사람이 부자인지 가난한 사람인
지, 힘 있는 사람인지 힘없는 사람인지 가려 보
지 않고 공정하게 판단하기 위해 눈에 안대를 둘
렀다'고 설명하는 경우가 있습니다. 하지만 생각해 보면 애초
에 양팔저울로 측정하는 일에는 들고 있는 사람의 의지가 반영되지 않
기 때문에 앞에 누가 와 있는지를 본다고 결과가 달라질 리 없습니다.
게다가 신의 입장에서 돈과 권력이 있는 사람을 신경 써서 배려해 줄 이
유도 없을 것 같고요.

정의의 여신상에 안대가 추가된 것은 15세기에 들어서입니다. 상공업
으로 크게 돈을 번 부르주아들이 사회의 주류로 부상하면서 사람들 사
이에 빈부격차가 커지고, 그 돈과 권력을 바탕으로 법이 부당하게 집행
되는 일이 잦아졌습니다.

이런 세태에 화가 난 독일의 시인이자 법학자인 제바스티안 브란트가
이런 바보들은 모두 배에 태워서 바보들의 섬에 보내버려야 한다는 격
한 내용과 풍자를 담은 『바보배』라는 책을 1494년에 출판했습니다.

이 책에 정의의 여신이 잔재주를 피우는 광대들에 의해 눈이 가려져
서 앞도 제대로 못 본다고 비꼬는 내용과 삽화가 실렸습니다. 이 책이
베스트셀러가 되어 유럽 전역에 퍼지면서 안대를 두른 정의의 여신상이

널리 알려지게 된 것입니다. 그래서 오래된 정의의 여신상들은 대부분 안대를 두르고 있지 않습니다.

우리나라 대법원에 있는 정의의 여신상도 안대가 없는 데다가 칼 대신 책을 들고 있고 오래 서 있으면 힘들까 봐 의자에 앉은 모습으로 묘사되어 있습니다. 대법원에 견학 갈 기회가 생기면 꼭 한번 찾아보세요.

아, 유니콘 얘기를 하고 있었죠? 유니콘이 정의의 여신과 얽히게 된 사연도 좀 엉뚱합니다. 유니콘은 드루이드교라는 신비주의 종교에서 상징으로 사용되었습니다. 그렇다 보니 드루이드교의 고향인 영국의 문학 작품에 자주 등장합니다. 세계적인 베스트셀러인 『해리포터』에도 등장하는데 역시 영국 소설이었죠.

유니콘은 백마인데 이마에 기다란 뿔을 달고 있는 것이 특징입니다. '유니콘'이라는 이름 자체가 유니(uni, 한 개)와 콘(corn, 뿔)이 합쳐진 말로, '외뿔짐승'이라는 뜻이지요.

옛날엔 의술이 그리 발전하지 못해서 몸이 아프면 마법을 쓴다는 사람들을 찾아가는 경우가 많았습니다. 고대 영국에서 이런 마법사들을 드루이드라고 불렀고, 이 사람들이 쓰는 약재가 바로 유니콘의 뿔을 갈아 만든 가루였다고 합니다.

그런데 사실 이 뿔은 바다에 사는 일각고래의 뿔이었습니다. 고래의 뿔이라고 하는 것보다는 신성한 동물의 뿔이라고 하는 편이 더 약효가 있어 보이니까 만들어낸 전설인 셈이지요.

신성한 동물이니 당연히 지성을 갖춘 것으로 여겨져 눈으로 선악을 꿰뚫어보고, 뿔로 들이받아서 징벌한다는 이야기들이 덧붙었습니다. 어디서 많이 듣던 얘기죠?

얘기로만 보면 해태랑 친구 먹어야 할 것 같은데 정의의 여신이 끌려

나온 것은 엉뚱하게도 중세에 처녀가 신비한 힘을 가지고 있다는 민간속설 때문입니다. 경계심 많고 사나워서 잡기 힘든 유니콘이 유일하게 마음을 여는 대상이 순결한 처녀라서 함께 다닌다는 이야기가 생겨났습니다. 신성, 선악, 징벌, 처녀 이렇게 연결되다 보니 처녀가 '정의의 여신(lady justice)'이라고 생각하는 사람들도 생긴 것이지요.

　법은 이렇게 오랜 세월 동안 신과 초월적 진리의 영역이었습니다. 하지만 사회가 발전하고 사람들의 관계가 복잡해지면서 서서히 인간의 세계로 내려오게 되었습니다. 그 시작은 법을 인간의 언어로 명확하게 서술하는 것이었습니다. 이것이 성문법의 탄생입니다.

생각해 볼
문제

Q. 정의의 여신은 시대별·상황별로 다른 모습을 하고 있습니다. 하지만 공통적으로 양팔저울을 들고 있습니다. 언제나 공정하고 평등하게 판결한다는 의미입니다. 그렇다면 공정하고 평등하다는 것의 의미는 무엇일까요?

Q. 법은 신의 언어로든 인간의 언어로든 오래전부터 우리 곁에 있었습니다. 법이 우리의 삶에 필요한 이유는 무엇인가요?

3
누구나 보고 알 수 있는
성문법의 시대로

✒ 법이 솟아나오는 샘, 법원

이제 본격적으로 법에 대해 살펴보도록 합시다. 먼저 질문을 하나 던
져보겠습니다. 법이란 과연 무엇일까요?

법이라는 게 국회에서 만들어서 법전에 담겨 있는 내용들을 가리키
는 것 아니냐, 너무 뻔하다 생각할지도 모르겠습니다. 하지만 깊이 생각
해 보면 그렇게 간단한 일이 아니랍니다.

국민투표로 결정되는 헌법도 법이고 행정 각부에서 만들어지는 명령
이나 지침, 지방의회의 조례*, 지방자치단체의 규칙도 법에 포함됩니다.
시야를 좀 넓혀보면 길에서 우측통행을 해야 하는 것이나 지하철에서
노약자에게 자리를 양보해야 하는 것, 혹은 부모님이 정해놓은 귀가 시

간도 법의 일종이라고 할 수 있지 않을까요? 그러고 보니 '글씨 쓰는 법', '김치 담그는 법'에도 법이 들어가네요. 아주 넓은 의미에서 보자면 법은 '어떤 일을 하는 바른 방법이나 태도'를 의미합니다. 글씨를 쓰는 바른 방법이 '글씨 쓰는 법'인 것처럼요.

우리가 이 책에서 이야기하고 있는 '규범'이라는 의미로 법을 좁혀보아도 여기에 해당되는 것들이 무척 많습니다. 우리의 행동을 규제하는 원칙이나 기준이라는 뜻으로 보자면 도덕, 예의, 종교적 관습, 상식 심지어 누구나 마음속에 지니고 있는 양심이라는 것까지도 여기에 포함될 테니까요.

따라서 법을 분류하는 중요한 기준이 필요합니다. 그 가운데 하나는 법의 원천이 어디인가, 법이 어떤 방식으로 존재하고 있는가 하는 것입니다. 이것을 어려운 말로 법의 원천, 즉 '법원(法源)'이라고 부릅니다. 재판을 하는 기관인 법원(法院)과는 의미도 한자도 다르니 주의하세요.

법의 원천이나 그 존재 방식이 문서가 아닌 경우 불문법*이라고 부릅니다. 웃어른을 공경해야 한다는 경로사상은 법으로 정해져 있지 않지만 대부분의 사람들이 알고 받아들이고 그렇게 행동해 온 우리 사회의 관습이자 상식이기 때문에 불문법의 일종으로 볼 수 있습니다. 이에 비해 도로교통법은 내용이 명확하게 정해져서 문서화되어 있는 성문법입니다.

하지만 불문법과 성문법의 근본적인 차이는 종이에 쓰여 있는 것이다, 아니다에서 나오지 않습니다. 불문법은 만들어지는 절차가 명확히 규정되어 있지 않고, 사람에 따라 해석을 달리할 가능성이 있는 내

조례
지방자치단체가 의회에서 제정하는 자치법규를 말한다.

불문법의 종류
관습법, 판례법, 조리(條理)

용들이 다수의 사람들에 의해 반복적으로 이루어지면서 규범으로 자리 잡은 것입니다. 반면, 성문법은 사회적으로 합의된 절차에 따라 그 내용을 분명하게 확정하여 제시한 것입니다. 이 부분은 뒤에 더 자세히 설명하겠습니다.

혹시 영국이 불문법 국가라는 말을 들어본 적이 있나요? 불문법 국가라고 해서 성문법이 아예 없다고 생각하는 분들이 가끔 있는데 큰 오해입니다. 규모와 역할이 거대해진 현대 국가가 성문법 없이 운영되기란 불가능에 가까울 테니까요.

영국도 당연히 성문법을 가지고 있지만 불문법적 법원이 중요하게 여겨지고 성문법보다 우선시된다는 뜻에 가깝습니다. 예를 들어 어떤 사건의 판결에 불문법적 법원인 예전의 판례를 근거로 사용하는 식으로 말입니다.

반대로 성문법 국가라고 해서 불문법적 법원들이 완전히 무시되는 것은 아닙니다. 모든 상황에 대비해서 법 조항들을 만들 수는 없기 때문에 성문법을 우선시하되 법 조항이 없으면 불문법적 법원들도 인정하는 것이 일반적입니다. 우리나라는 성문법 국가이지만 민법에서 법 조항이 없을 경우 조리나 관습 등을 바탕으로 판결할 수 있도록 한 것도 이 때문입니다.

대부분의 공동체에서 법은 불문법의 형태에서 시작되었습니다. 사람들이 모여 살기 시작하면서 규칙들이 만들어지고 그것이 오랜 시간 동안 지속되면서 관습의 형태로 굳어지는 것이 법의 시작이기 때문입니다.

하지만 불문법은 내용이 명확하게 고정되어 있지 않기 때문에 여러 가지 문제가 발생합니다. 어떤 것이 어느 수준까지 금지되는지도 사람에 따라 해석이 다를 수 있고, 특히 분쟁이 발생했을 때 권력을 가진 사람이 자기 편의대로 억지를 부려도 이의를 제기하기 어렵다는 문제가 있습니다.

무엇보다도 공동체가 점점 커지게 되면 이렇게 애매모호한 관습과 관행만으로는 통치가 어렵다는 점 때문에 법을 문서화해서 확정할 필요성이 높아집니다. 이것이 성문법의 탄생입니다.

✎ 성문법의 거대한 기념비, 함무라비 법전

그럼 세계에서 가장 오래된 성문법은 뭘까요? 눈치 빠른 학생들은 벌써 손을 들고 있네요. 함무라비 법전이라고요? 위의 제목을 보고 금세 알아챘군요. 하지만 '삐!' 틀렸습니다. 답이 문제 속에 있는 경우도 있지만 문제 속에 함정이 있는 경우도 있죠.

제 질문은 '세계에서 가장 오래된 성문법'이 무엇인가입니다. 즉, 법전의 내용이 다 남아 있지 않더라도 어쨌든 성문법의 형태를 갖춘 것 가운데 가장 오래된 것이면 되지요.

답은 수메르*의 우르남무 왕*이 만든 우르남무 법전*입니다. 기원전 2000년 정도에 만들어진 것으로 추정되는데 점토판에 새겨진 형태로 발견되었고, 전체 57개 조 가운데 30개 조 정도의 내용이 확인되었습니다.

수메르

현재의 이라크 지역으로, 세계에서 가장 먼저 문명이 일어났다고 알려졌다.

우르남무 왕

현존하는 가장 오래된 법전인 우르남무 법전을 만든 왕이다. 수도 우르에서 수메르 문화의 부흥기를 이끌었다.

우르남무 법전

함무라비 법전보다 300년 정도 앞선 법전이다. 제조는 '살인을 한 자는 죽인다'로 함무라비 법전의 첫 번째 조항과 같다.

이스탄불 고고학 박물관이 소장하고 있는 우르남무 법전(왼쪽)과 함무라비 법전(오른쪽) 점토판.

함무라비 법전은 이보다 300년쯤 뒤인 기원전 1700년대에 만들어졌습니다. 함무라비 법전은 가장 오래된 성문법은 아니지만 전문이 남아 있는 가장 오래된 성문법입니다. 서문, 맺음말 외에도 조항만 282개나 되는데 어떻게 내용 전체가 고스란히 전해질 수 있었을까요? 이는 함무라비 법전을 실제로 보면 금방 이해할 수 있습니다.

1901년 프랑스와 이란 합동탐사대가 발굴한 함무라비 법전은 검은 현무암 돌기둥에 내용을 새겨 넣은 형태입니다. 손가락 모양이라고 해서 'fingertip'이라는 별명으로 불리기도 하는 이 돌기둥은 점토판과 달리 단단한 재질입니다. 그래서 오랜 세월을 견딜 수 있었던 것입니다.

이제 함무라비 법전을 하나하나 뜯어볼까요? 손가락의 손톱에 해당하는 부분, 그러니까 기둥의 상단부에는 두 사람의 모습이 조각되어 있습니다. 함무라비 법전이니 아마 둘 중 한 명이 함무라비 왕이겠죠? 앉아 있는 사람과 서 있는 사람이 있는데 둘 중에 누가 함무라비 왕일 것 같나요?

얼핏 생각하기로는 앉아 있는 사람이 더 지체가 높을 테니 오른쪽이 함무라비 왕일 것 같습니다. 하지만 함무라비 왕은 왼쪽에 서 있는 사람입니다. 그렇다면 왕보다 더 높은 위치에 있는 오른쪽에 있는 사람은 누구일까요? 당시 사람들이 섬기던 태양신 샤마슈◆입니다.

그림을 자세히 보면 샤마슈가 왕에게 뭔가를 건네고 있는 것이 보입니다. 왕의 권위를 상징하는 고리와 지팡이를 함무라비 왕에게 내려주고 있

테헤란 국립박물관에 전시된 함무라비 법전 복제품. 원본은 프랑스에 있다.

는 모습입니다. 이 조각은 함무라비 왕 개인이 법전 내용을 임의로 만든 것이라기보다는 신의 권위를 빌려 만들었음을 상징적으로 보여줍니다.

사람들이 법을 존중하고 때로는 두려워하며 따르지 않는다면 아무런 의미가 없겠죠? 이것을 '법의 강제성'이라고 하는데 함무라비 법전은 신의 권위를 통해 이를 확보하려고 한 것이라고 볼 수 있겠네요. 고대에는 왕의 힘과 권한 자체가 신으로부터 받은 것이라는 주장을 통해 정당성을 확보하는 경우가 많았는데 이를 '왕권신수설'이라고 합니다.

샤마슈

'태양'이라는 뜻. 법과 정의를 주관한다. 고대 메소포타미아의 관념에 따르면 하루는 밤에서 시작되어 낮으로 이어지므로 샤마슈도 월신(月神)의 아들로 여겨졌다. 함무라비 법전에서는 '하늘과 땅의 위대한 재판관'이라 불리는데, 그로부터 함무라비에게 법전이 주어졌다고 한다.

이제 본문으로 내려가 볼까요? 고대 쐐기문자로 쓰여 있기 때문에 일반인들은 읽어내기가 어렵지만 학자들의 해석을 통해 대부분의 내용들이 밝혀져 있습니다.

재미있는 것은 살인을 저지른 자는 사형에 처하고 타인의 팔을 부러뜨린 자는 자신의 팔도 부러뜨려야 한다는, 같은 방식으로 복수하도록 하는 내용들입니다. 이런 형태의 법을 '복수법' 혹은 '탈리오의 법칙'이라고 부릅니다.

똑같은 방식으로 복수를 하게 하는 법이라는 것도 잔인해 보이는데, 당시는 신분 차이가 있던 사회였기 때문에 평민, 노예 혹은 여성들에게는 더 불리한 법이기도 했습니다. 그래서 어떤 이들은 매우 야만적이고 원시적인 법이라고 비판하기도 합니다. 그런데 정말 그럴까요?

예를 들어 귀족이 평민의 팔을 부러뜨리면 금화 한 개를 줘야 하고, 반대로 평민이 귀족의 팔을 부러뜨리면 다리를 잘라야 한다는 법이 있었다고 가정해 봅시다. 똑같이 팔을 부러뜨렸는데 귀족은 돈만 주면 되고 평민은 다리를 잘라야 한다면 누가 보더라도 잘못된 법, 귀족의 편만 들어주는 법이라고 생각하기 쉽습니다.

하지만 그것은 우리가 현재라는 시점에 서서 생각하기 때문에 갖는 오해일 수 있습니다. 함무라비 왕이 법전을 만들던 당시 메소포타미아는 당연히 신분제 사회였습니다. 귀족과 평민, 노예의 신분에 분명한 차이가 있었죠.

이런 사회에서 귀족이 평민이나 노예의 팔을 부러뜨렸는데 돈을 주는 일이 당연했을까요? "버릇없이 굴어서 좀 혼내준 것일 뿐인데 그럴 수도 있지. 더 험한 꼴 당하지 않은 것을 다행으로 알아!"라며 오히려 큰소리를 치지 않았을까요?

그런데 법으로 금화 한 개를 주도록 정해졌으니 오히려 귀족들은 불만을 가졌을 것 같습니다. 그 반대의 경우도 마찬가지입니다. 감히 평민이 귀족의 팔을 부러뜨렸는데 극형을 내려도 모자랄 판에 다리만 자르는 것으로 끝내다니 말도 안 된다고 생각한 귀족들이 있었을 것입니다.

공시
어떤 내용을 누구나 접근할 수 있게 게시하여 널리 알리는 일. 또는 그 내용을 뜻한다.

얼핏 보기에는 불평등하고 귀족들의 편만 들어주는 것처럼 보이는 함무라비 법전은 오히려 귀족들의 과도한 권력 남용을 제한하고, 다른 계층의 사람들을 보호하는 효과를 가지고 있었던 것입니다. 이는 법이 명확한 내용으로, 누구나 보고 알 수 있도록 성문법이라는 형태를 지니고 있었기 때문에 가능했던 일입니다.

이렇게 보자면 함무라비 법전이 돌기둥 형태인 것도 이해가 됩니다. 돌에 새겨놓은 내용이니 함부로 바꾸지 못하는 '고정된 법'이라는 이미지를 전달할 수 있었을 것이고, 기둥으로 만들어 사람들이 많은 곳에 세워놓았으니 누구나 그 내용을 보고 참고할 수 있는 공시*의 효과도 기대할 수 있었을 것입니다.

함무라비왕은 이 법으로 귀족들의 권력을 제한함으로써 권력 집중을 이루고 왕권을 강화할 의도를 가지고 있었던 것입니다.

✒ 법에 쥐어진 양날의 칼

상황이 이렇다 보니 귀족과 같은 기득권층 입장에서는 성문법이 만들어지는 것이 달갑지 않았습니다. 그래서 법이 성문화되고 널리 보급되는 과정에서 귀족들이 반발하는 경우도 드물지 않았습니다.

중국에서 여러 나라들이 한꺼번에 일어나 서로 생존을 걸고 다투던 춘추전국시대가 있었습니다. 이때 정나라의 재상이던 자산은 나라의 기강을 바로잡고 국력을 모으기 위해 형법을 성문화하여 널리 알려야겠다는 생각을 했습니다. 그래서 형법의 내용을 새긴 쇠 솥, '주형서'를 만들어 보급하려 했는데 이 계획에 귀족들이 대대적으로 반발했습니다.

그들이 내세운 표면적인 이유는 '천한 것들이 법을 알면 이를 이용해서 오히려 법을 피하고 세상이 어지러워질 것이다'라는 것이었습니다. 하지만 그 속마음은 성문화된 강력한 형법이 자신들을 옥죄어드는 것을 막자는 데 있습니다.

하지만 자산의 괴로움은 그의 뒤를 이어 법을 보급하려 노력했던 중국 최초의 변호사 등석의 고통에 비하면 아무것도 아니었습니다. 등석은 뛰어난 언변으로 논리적인 주장을 펼쳐서 돈을 받고 소송을 맡는 오늘날의 변호사와 비슷한 일을 했습니다. 그는 사람들이 법을 잘 몰라서 뜻하지 않게 법을 어기고 불이익을 받는 일을 안타깝게 여겨 개인적으로 학교를 세워 사람들에게 법을 가르쳤습니다. 또한 아직 종이가 발명되지 않았던 당시에 글을 적는 대나무조각(죽간)에 형법 내용을 옮겨 적은 '죽형'을 만들어서 사람들에게 나누어 주기도 했습니다.

이에 반발한 귀족들은 등석이 백성을 호도한다며 비난했고 끝내 사형까지 당하게 만들었습니다. 법이 성문화된다는 것은 이토록 심각하고 중요한 사회적 변화를 내포하는 일이었습니다.

그럼에도 불구하고 일관된 법 체계가 만들어지고 이를 바탕으로 국가 통치의 기초가 만들어지는 것은 피할 수 없는 역사적 흐름이었습니다. 국가 공동체의 규모가 커지면서 이런 체계를 갖추지 않으면 많은 사람,

넓은 영토를 효율적으로 관리하고 국력을 집중하는 것이 불가능했기 때문입니다.

등석은 사형을 당했지만 그가 시작한 '죽형'의 보급은 중단되지 않고 그대로 이어졌습니다. 이는 이미 법의 성문화, 대중화가 거스를 수 없는 흐름이였다는 점을 보여줍니다.

춘추전국시대를 마무리하고 최종적으로 중국 대륙을 통일한 나라가 당시 제자백가의 여러 주장들 가운데 한비자의 '법가'를 채택한 진나라였다는 점은 법이 갖는 힘을 단적으로 보여줍니다. 법가의 일원이었던 상앙은 진나라의 재상이 되어 명확하고 강력한 법 체계를 만들었고, 이 힘을 바탕으로 마침내 진시황은 경쟁 국가들을 제압하고 중국을 통일할 수 있었습니다.

하지만 법으로 일어선 진나라를 무너뜨린 것 또한 법이라는 점은 역사의 아이러니입니다. 지나치게 엄격한 법과 가혹한 형벌 때문에 불만을 가진 사람들이 도처에서 난을 일으키면서 진나라는 탄생한 지 몇 십 년이 지나지 않아 멸망의 길로 들어서게 됩니다.

진을 무너뜨린 한나라의 유방이 진의 도읍인 장안을 점령하자마자 제일 먼저 실행한 정책이 그동안의 복잡한 법을 다 없애고 간단한 법 세 개만으로 대체하도록 한 약법삼장(約去三章)을 발표한 것이었다는 점도 상징적입니다.

유방은 사람들의 불만이 법에 있다는 점을 꿰뚫어보고 인기 정책의 일환으로 이런 파격적인 정책을 편 것입니다. 물론 진이 완전히 무너지고 한나라가 서자 다시 법 체계를 강화하는 방향으로 선회했습니다. 앞서 살펴본 것처럼 규모가 커진 국가에서 법의 확장과 강화는 피할 수 없는 방향이었던 것입니다.

그렇다면 이제 법은 완전히 권력자의 도구가 된 것일까요? 사람들은 왕과 기득권 세력들이 휘두르는 법의 칼날을 피해 땅에 납작하게 엎드려 살아가야 하는 것일까요? 아니지요. 동전에 양면이 있듯이 법이라는 칼도 양쪽에 날을 지니고 있습니다.

이제 역사의 방향은 사람들이 법을 거부하는 것이 아니라 오히려 법을 적극적으로 이용하여 삶의 조건을 끌어올리는 쪽으로 나아가게 됩니다. 하지만 그렇게 되기 위해서는 먼저 넘어야 할 큰 산이 있었습니다. 이제까지 줄곧 '신의 의지'였던 법을 '인간의 의지' 혹은 '인간들 사이의 합의'로 끌어내리는 일이었습니다.

신에게서 인간에게로 합의를 끌어내리는 이 과정은 적지 않은 희생과 고통을 필요로 했습니다. 이 과정에서 일어난 가장 큰 비극을 살펴보도록 합시다.

생각해 볼 문제

Q. 성문법과 불문법은 각각 어떤 장단점을 가지고 있나요? 상호보완적 관계를 유지하기 위해서는 어떤 원칙들이 필요할까요?

Q. 피해자가 입은 피해와 같은 정도의 손해를 가해자에게 가한다는 보복의 법칙대로 법이 만들어진다면 사회는 어떤 모습을 하게 될까요? 왜 탈리오의 법칙이 법으로 구현되어서는 안 되는 걸까요?

4
신의 이름을 빙자한
사회적 폭력, 마녀재판

🖋 누가 옳은지 신에게 묻자!

해태, 유니콘, 함무라비 법전에는 인간 세상의 법이 지닌 부족한 권위를 신으로부터 빌려 오려는 노력이 담겨 있습니다. 비슷한 맥락으로 고대 사회에는 신의 뜻을 전해 받아 인간에게 전달하는, 지상의 안테나와 같은 역할을 하는 제사장*, 무당이 정치적인 권력을 함께 가지고 있었습니다. 무당을 의미하는 한자인 '무(巫)'가 하늘과 땅 사이에 서 있는 사람의 형상을 하고 있는 것은 이런 까닭입니다.

이렇게 종교와 정치가 따로 구분되지 않고 한 몸이었던 사회를 제정일치(祭政一致) 혹은 정교일치(政教一致) 사회라고 합니다.

> **제사장**
> 유대교에서, 성전(聖殿)에서 종교상의 의식이나 제사를 맡아 보던 사람을 뜻함.

사회가 더 커지고 복잡해지면서 정치와 종교는 점차 분리되기 시작합니다. 신의 뜻을 온몸으로 받아 전달하던 무당의 '신내림' 대신 신의 뜻을 문자로 담은 종교 경전이 등장하고, 그 모호한 내용을 해석하고 전달하는 사람으로서 종교인은 여전히 사회적 영향력을 유지하게 되지요.

하지만 아쉽게도 경전은 대개 모호한 문장이고, 인간들 사이에 벌어지는 다양한 사건들에 일일이 대응할 수 있는 모든 내용들이 담겨 있는 것도 아닙니다. 굳이 경전의 문구를 해석할 것 없이 재판에서 누가 옳고 그른지 신의 뜻을 직접 확인할 수 있다면 제일 좋을 텐데 말이죠.

그런 생각에서 시작된 재판이 바로 신의 명령을 확인하는 재판, 신명재판(神命裁判)이고 그 근거가 되는 법이 신판법(神判法)입니다. 신명재판은 통상적인 상황이라면 버텨낼 수 없는 고통스럽고 힘든 시련을 부과하거나 무작위로 선택 조건을 만들어 신의 뜻을 확인하는 방식입니다. 신은 옳은 자의 편을 들 테니 힘든 시련도 이겨낼 수 있도록 하고 뽑기에서도 옳은 자의 편을 들어줄 것이라고 믿은 것입니다.

이렇게 시련을 통해 선악을 가려냈다고 해서 '시련재판(trial by ordeal)'이라고 부르기도 했습니다. 어떤 사례들이 있었는지 살펴볼까요? 다음은 『세상의 모든 지식』이라는 책의 일부입니다.

첫째, 뜨거운 물이 끓는 솥 안에서 돌이나 반지를 건져낸다. 이때 손을 다치지 않은 자가 재판에서 이긴다. 둘째, 뜨거운 쇠를 맨손으로 들고 일정한 거리를 걷거나 땅에 깔아 놓은 쟁기 9개 위를 맨발로 걷는다. 이 경우에도 다치지 않은 자가 이긴다. 셋째, 양손을 묶어 물속에 넣는다. 이때는 물에 가라앉은 자가 이긴다. 왜? 깨끗한 물이 받아들인다는 것은 죄가 없다는 뜻이니까. 넷째, 제비를 뽑아 죄를 가린다. 다섯째, 마른 빵을 한 번에 먹는다. 체하지 않고 먹는 자가 이기는 것은 당연하다. 여섯째, 원고 와 피고가 십자가 앞에 서서 양팔을 수평으로 든다. 먼저 팔을 내리는 자 가 지는 것은 당연하다. 일곱째, 살인 용의자를 피해자의 관 옆에 세운다. 피해자의 상처에서 피가 흘러나오면 그는 틀림없는 범인이다.

중세에서 근대까지 신사들 사이의 갈등 해결 방법으로 지속되었던 결투도 오래된 신명재판의 방식입니다. 여기에도 역시 두 사람의 싸움 에서 신이 옳은 자의 편을 들어 승리하게 해줄 것이라는 믿음이 담겨 있습니다.

하지만 실제로 이런 과정을 통해 신의 뜻을 확인할 수 있었을까요? 결 투는 기본적으로 덩치가 크고 힘이 세거나 싸움의 기술과 경험이 뛰어 난 사람이 유리한 것 아닌가요? 내가 싸움에 자신이 있다면 이 사람 저 사람에게 시비를 걸어 이득을 취하려고 할 수도 있었을 것입니다.

중세에는 싸움에 약한 사람, 특히 여성을 대신해서 싸움을 해주는 대 리 기사 제도도 있었습니다만 어느 쪽이든 신의 의도를 확인하는 것과 는 거리가 멀어 보입니다. 뜨거운 물이나 쟁기 같은 위험한 시험도 보통 사람이라면 크게 다치는 것이 정상일 테니, 이런 제도들은 결국 어지간 히 중요하고 억울한 일이 아니면 재판에 나서지 말라는 사회적 압력으 로 보입니다.

가장 황당한 것은 손을 묶은 사람을 물속에 집어넣는 일입니다. 물에 가라앉은 자가 이긴다니 그러면 물 위에 떠올라서 허우적거리는 사람 은 패소해서 죽고, 물에 가라앉아 승소한 사람은 익사로 죽는 것 아닌 가요?

신의 뜻을 통해 옳고 그름을 가리겠다는 시도는 때때로 이렇게 어이없는 죽음으로 이어지기도 했고, 특정한 목적을 가진 악의가 개입될 경우 걷잡을 수 없는 폭력으로 확장되기도 했습니다. 그 가장 비극적인 사례가 마녀재판입니다.

✒ 마녀사냥이라는 악몽의 시작

15세기 말 오스트리아 잘츠부르크 대학의 신학 교수이자 티롤 지역 종교 재판관이었던 인스티토리스 크레머는 광적인 기독교 신앙을 바탕으로 인스부르크에서 마녀 혐의자들을 체포하고 이 중 여덟 명을 화형에 처합니다.

이런 마녀재판이 도가 지나치다는 비판을 받자 동료인 슈프렝어와 함께 교황청으로 달려가 마녀재판권을 달라는 요청을 했습니다. 교황 인노켄티우스 8세는 그들의 강력한 재판권을 인정하는 칙서를 내주었습니다.

교황의 칙서에 힘을 얻은 이들은 마녀재판에 더욱 박차를 가하는 한편 마녀 색출의 논리와 방법을 담은 『마녀를 심판하는 망치』라는 책까지 출판하게 됩니다. 교황의 칙서와 이 책, 즉 재판의 근거가 되는 권위와 방법까지 확보되자 마녀재판은 유럽 전역으로 확산되었습니다.

재판 자체는 논리성이라고는 찾아볼 수 없었습니다. 기본적으로는 앞서 언급한 시련재판 방식을 택하지만, 혹시 뜨거운 물이나 불도 견딜 경우 그거야말로 마녀인 증거라는 식이었습니다. 시험을 통과해도, 통과하지 못해도 마녀인 셈입니다. 심지어 피고인이 먼저 그런 테스트라도 받겠다고 하면 통과할 자신이 있다는 뜻이니 두말할 것 없이 마녀라는 억지를 부리기도 했습니다.

가장 확실한 증거는 자백이었는데 이것도 말이 안 되는 것이, 심문관 바로 옆에 보기만 해도 끔찍한 고문 기구를 세워두고 질문하는 방식이었기 때문입니다. 자백하지 않으면 원하는 답이 나올 때까지 고문했기 때문에 고문을 받

1669년판 『마녀를 심판하는 망치』 표지.

다 죽든지 자백을 하고 화형을 당하든지 매한가지였습니다.

일단 고발만 당하면 대부분 유죄 판결을 받는 분위기가 되자 상황은 점차 광기로 치닫기 시작했습니다. 처음에는 집 없이 떠도는 부랑자, 숲에 오두막을 짓고 사는 가난한 사람들, 성분을 알 수 없는 약을 만들어 파는 무당 등 뭔가 수상해 보이는 사람들을 고발했습니다. 점차 그 범위가 넓어져 평소 앙심을 품고 있던 사람들을 무차별적으로 고발하는 데 이르렀습니다.

심지어 자신의 구애를 거절한 여자, 애인을 빼앗아 간 여자를 고발하는 등 개인적인 앙심을 푸는 수단으로 악용되기 시작했습니다. 고발당한 사람이 마녀로 확인될 경우 몰수한 재산을 고발자가 받을 수 있는 제도까지 도입되자 한몫 잡을 욕심으로 부유한 사람들을 마녀로 모는 일들까지 유행하게 됩니다.

15세기부터 고개를 든 마녀재판은 17세기에 들어 광기의 절정에 이르렀습니다. 독일 밤베르크 시에서는 단 한 명의 주교가 약 300명을 화형에 처했으며, 어느 해에는 1년 사이에 102명을 처형한 기록도 있습니다. 라인-모젤 지역의 경우 전체 인구 2,200명의 약 4분의 1에 해당하는 500명이 처형되는 어처구니없는 일도 벌어졌습니다.

전체 희생자는 가늠하기도 어려운 수준이지만 대략 1400년에서 1775년 사이에 약 10만 명이 마녀로 고발되었고, 그중 5만 명 정도가 처형되었다고 추측하고 있습니다.

처형되지 않고 요행히 살아남은 사람들도 고문의 후유증으로 사망하는 경우가 많았고, 재판 기록조차 남지 않은 경우도 있을 테니 희생자의 수는 훨씬 더 많을 것입니다.

도대체 이런 광기는 어디에서 온 것일까요?

+ 더 알아보기 ── **미국의 세일럼 마녀재판** ──────

세일럼(Salem) 마녀재판이란 미국 매사추세츠주의 현재 댄버스(Danvers) 지역인 세일럼 마을에서 벌어진 재판을 말한다.

1692년 3월에 시작된 이 재판으로 인해 200명에 가까운 마을 사람들이 마녀로 고발당했다. 이 중 25명이 죽임을 당했으며 19명이 처형되고 1명은 압사했으며, 5명은 감옥에 갇힌 채로 사망했다. 이 재판 과정은 집단의 광기가 폭주한 사례로 남아 있다.

끔찍한 마녀재판이 미국에서 반복된 첫 번째 원인은 청교도주의자들이 신앙의 순수성에 집착하여 선과 악의 이분법적 대립 구도로 세상을 잘못 바라보았기 때문이다. 그들에게 신의 말씀을 따르지 않는 인디언이나 민간신앙 숭배자들은 추방하고 억압해야 할 악이었다. 기존 공동체의 질서를 위협한다고 보았기 때문이다.

두 번째 원인은 사람들의 종교적 열정이 식어가고 있었다는 데 있다. 당시 도처에서 종교적 무관심이 커지고 세속화가 진행되고 있었다. 그에 따라 목사들에 대한 복종심도 약해졌기 때문에 이 분위기를 전환하고자 했다.

세 번째 원인은 체제의 적들을 없애려는 불안한 사회 심리의 표출이었다. 사회 불안이나 각종 문제의 원인을 외부로 돌리기 위한 수단이 마녀재판이었던 것이다.

✒ 사회 속 불안과 약자, 우리 안의 마녀는?

집중적으로 마녀사냥이 벌어진 기간만 해도 300년 가까이 됩니다. 긴 세월에 걸친 비극이었기 때문에 원인에 대한 분석도 다양합니다. 학자들이 공통적으로 지적하는 것은 이 시기가 사회적으로 매우 불안정한 시대였다는 점입니다.

마녀사냥이 처음 시작된 14~15세기에는 백년전쟁, 페스트*, 대기근으로 유럽 전체가 심각한 몰락의 위기에 직면했습니다. 주의할 것은 이 시기가 중세의 한가운데가 아니라 중세에서 근대로 넘어가는 과도기였다는 사실입니다.

일반적으로 생각하는 것처럼 중세의 한가운데에 기독교 신앙이 절정에 이른 시점에서 마녀사냥이 벌어진 것이 아니라 오히려 이성의 세기로 불리는 근대에 들어가는 시점에서 이런 비이성적인 일이 벌어진 것입니다. 교황이 마녀사냥을 승인하고 교회가 종교재판에 적극 나선 것도 종교권력의 강화를 통해 권력 누수를 막으려는 의도가 반영되어 있습니다.

페스트
페스트 균에 의해 발병하는 전염병이다. 공기, 접촉, 또는 오염된 음식물을 통해 전염이 된다. 증상은 감염자마다, 초기 감염 부위가 어디냐에 따라 달라진다. 초기에 발견하면 치료가 가능하다. 중세 유럽에서는 이로 인해 수백만이 목숨을 잃었다.

즉, 마녀사냥은 사회의 내부적인 불안과 불만을 악마나 마녀와 같은 외부 세력의 탓으로 돌려 사회적 통합과 안정을 유지하려는 얄팍한 정치적 의도, 그리고 사회 주도권 변화에 저항하는 구세력의 몸부림이 중첩되어 벌어진 참사라고 볼 수 있습니다.

문제는 그 대상이 왜 '마녀' 그러니까 '여성'이었을까 하는 점입니다. 물론 재판 과정에서 악마 혹은 마법사로 몰려 남성이 처벌받은 경우도 있었습니다만 피해자의 다수는 압도적으로 여성들이었습니다.

인류 역사에서 아주 오랜 세월 동안 여성은 불평등한 지위를 강요당해 왔습니다. 남성 중심의 사회에서 소유물처럼 여겨지며 순종과 희생의 미덕을 강요받은 여성들은 사회가 불안정해졌을 때 가장 손쉬운 희생양이었습니다.

마녀재판이 극성이던 당시 남성 지배층은 마녀의 이미지를 남성에게 의존하지 않고 독립적으로 사는 여성, 남성을 유혹하여 이용하고 심지어 남성에 대항할 마법의 힘을 지니고 있는 여성, 자신의 매력을 절제하지 않고 마음껏 발산하는 여성, 당당하게 자신의 욕망을 드러내고 때로는 항의나 저항까지 서슴지 않는 여성으로 생각했습니다. 남성 중심 사회에 도전하는 이들이야말로 기존 사회를 뒤흔드는 불안의 원천이며 제거해야 할 악으로 여긴 것입니다.

아이러니한 것은 사회에 위협이 된다고 지명된 여성들이 사실은 사회적으로는 가장 약자였다는 점입니다. 어쩌면 당연하겠지요. 그래야만 반격당할 염려 없이 마음껏 폭력을 휘두를 수 있을 테니 말입니다. 마녀사냥의 본질은 사회적 불안을 해소하기 위한 수단으로 약자들에게 일방적으로 가한 집단 폭력과 약탈이었습니다.

이런 사회적 약자에 대한 폭력, 집단적 광기로 인한 희생이 비단 수백 년 전 유럽에서만 벌어진 일일까요? 이성의 시대, 법치와 민주주의의 세기를 맞이한 지금 우리 사회에서도 이런 일들은 드물지 않습니다. 특히 최근 SNS를 통해 누구나 자신의 의견을 다수의 사람들에게 전달할 수 있게 되면서 현대판 마녀사냥은 예전보다 더 빠르고 격렬한 형태로 나타나고 있습니다.

지난 2018년 어느 어린이집 교사에게 벌어진 비극이 대표적인 예입니다. 그 지역 온라인 카페 게시판에 소풍지에서 어린이집 교사가 아이를 안아주지 않고 밀쳤다며 분노를 터뜨리는 글이 올라왔습니다. 글쓴이 자신이 이 장면을 본 것도 아니고 다른 사람에게 들은 이야기였지만 카페는 교사를 비난하는 글로 도배가 되었습니다. 이른바 '신상 털기'를 통해 교사의 실명과 사진, 어린이집까지 공개되자 해당 어린이집에 항의 전화가 쇄도했습니다.

급기야 누군가의 신고로 경찰이 어린이집까지 찾아오자 글이 올라온 지 이틀 만에 이 교사는 투신 자살을 했습니다. 이 모든 과정은 앞서 살펴본 마녀재판의 축소판처럼 느껴지지 않나요?

무분별한 신상 털기는 정보통신망법에 따라 3년 이하의 징역 또는 3,000만 원 이하의 벌금형에 처해질 수 있고, 허위 사실일 경우는 처벌이 더욱 엄해 7년 이하의 징역, 10년 이하의 자격 정지 또는 5,000만 원 이하의 벌금형에 처해질 수 있습니다.

학생들이 흔히 쓰는 카카오톡, 문자메시지, 온라인상의 글도 다른 사람에게 전달되고 확산될 가능성이 높다는 이유로 더욱 엄격히 처벌됩니다. 평소 생활에서도 주의해야 하지만, 특히 디지털매체나 온라인 활동에서 무심코 악플을 달거나 나쁜 메시지를 보내는 등의 행위로 타인에게 상처를 주지 않도록 각별히 주의하고 배려할 필요가 있습니다.

✒ 광기의 시대에서 계몽의 시대로

마녀재판은 17~18세기에 이르러서야 비로소 수그러들기 시작했습니다. 광기가 오래 지속된 만큼 그 불길이 완전히 사그라드는 데도 많은 시간이 필요했습니다.

광기에 찬물을 붓기 시작한 것은 이른바 계몽의 시대*에 들어서면서 확산된 이성에 대한 믿음과 늘어난 지식인이었습니다. 이들은 여전히 남아 있는 종교의 영향력을 의식하여 마녀의 존재 자체를 부정하지는 않았지만 재판 과정에서 자행되는 비인도적 고문의 문제점을 강하게 부각시키며 사법제도 개선을 주장했습니다. 고문으로 인한 자백으로 유죄를 이끌어내는 재판은 더 이상 재판도 법치도 아니라는 것이죠.

계몽의 시대
17~18세기에 유럽과 신세계를 휩쓴 정치·사회·철학·과학 이론 등에서 광범하게 일어난 사회 진보적·지적 사상 운동이다. 실제적인 도덕을 지향하였으며 형이상학보다는 상식, 경험, 과학을, 권위주의보다는 개인의 자유를, 특권보다는 평등한 권리와 교육을 지향하였다.

고문 감소, 자백의 증거 능력 제한 등으로 고발당한 사람들이 무죄 석방되고, 기존의 판결조차 번복되는 일들이 늘어나자 고발 자체도 힘을 잃게 되었고 마녀재판은 점차 감소하였습니다.

최종적으로 18~19세기 유럽 각국이 마녀라는 이유로는 기소가 불가능하도록, 즉 더 이상 마녀의 존재를 인정하지 않는 법을 제정하는 것으로 마녀사냥을 종식시켜 나갔습니다. 이 과정은 인간들 사이의 사회적 규범인 법의 영역에서 종교의 영향력을 배제해 나가는 과정으로 볼 수도 있습니다.

교황청이 마녀사냥을 교회의 잘못으로 인정하고 사과한 것은 2000년 교황 요한 바오로 2세에 이르러서였습니다. 마녀사냥의 광기가 유럽을 휩쓴 시점에서 약 500여 년이 지나서야 모든 비극이 최종적으로 마무리된 것입니다. 정말로 길고 끔찍했던 사건이었습니다.

마녀재판은 일종의 특별 재판으로 재판 자체는 교회에서 전적으로 이루어지고, 그 판결의 집행을 세속 당국이 하는 식으로 역할이 분리되어 있었습니다. 즉, 재판의 권한이 여전히 종교적 영역에 맡겨져 있던 형태라고 볼 수 있습니다.

마녀재판의 불길이 사그라든 것은 사법제도의 개혁을 통해 종교적 경전과 원칙에 의거한 재판의 권한이 합리적 이성과 사회 구성원의 합의에 따라 만들어진 실정법, 그리고 그 법에 근거한 세속 재판으로 넘겨지면서부터라고 할 수 있습니다. 오랜 세월 동안 신의 영역에 갇혀 있던 법이 인간의 영역으로 내려오면서 진정한 의미에서 '법치'가 시작된 것입니다.

1장을 아우르는 '법, 신에게서 인간에게로'라는 이야기는 이제 '인간을 위한 법'의 시대로 이어지게 됩니다. 법을 통해 인간의 권리와 행복을 지켜내기 위한 새로운 대장정은 헌법이라는 역사적인 발명품으로부터 시작됩니다. 다음 장에는 민주주의의 뿌리를 만든 최고의 법, 헌법의 놀라운 이야기들이 기다리고 있습니다.

생각해 볼 문제

Q. 우리 사회에서 여전히 자행되고 있는 마녀재판식 여론 재판 같은 일들은 어떤 것들이 있나요? 이러한 마녀재판을 막기 위해 사회의 한 구성원으로서 나는 어떤 태도와 의식을 가져야 할지 생각해 봅시다.

Q. 마녀사냥을 사그라들게 한 중요한 원인 중 하나는 실정법 제정이라고 볼 수 있습니다. 이렇게 실정법이라는 강제적 수단을 통해 개인의 행동과 욕망을 통제해야 하는 이유는 무엇일까요? 어디까지 통제해야 하는 걸까요?

Q. 마녀재판은 결국 '마녀 프레임'을 씌움으로써 타인에 대한 증오와 폭력을 정당화하는 과정이었습니다. 지금 보면 말도 안 되는 사건들이 그 당시엔 옳은 것처럼 행해졌습니다. 지금 이 시대를 사는 우리도 어떤 프레임 속에 살고 있는 건 아닐까요? 오늘날 사회 분위기와 다양한 현상에 대해 친구와 이야기를 나눠봅시다.

인간의 약속이 된 법

- 모세가 온 이스라엘을 불러 그들에게 이르되 이스라엘아 오늘 내가 너희의 귀에 말하는 규례와 법도를 듣고 그것을 배우며 지켜 행하라
- 우리 하나님 여호와께서 호렙 산에서 우리와 언약을 세우셨나니
- 이 언약은 여호와께서 우리 조상들과 세우신 것이 아니요 오늘 여기 살아 있는 우리 곧 우리와 세우신 것이라
- 여호와께서 산 위 불 가운데에서 너희와 대면하여 말씀하시매
- 그때에 너희가 불을 두려워하여 산에 오르지 못하므로 내가 여호와와 너희 중간에 서서 여호와의 말씀을 너희에게 전하였노라

– 「신명기」 5장 1~5절

사회를 유지하는 규범으로서 법은 강제성을 가져야 합니다. 하지만 법 조문을 빼곡이 만들어놓는다고 해서 저절로 강제성이 생기는 것은 아니라는 점은 예나 지금이나 해결하기 쉽지 않은 문제입니다.

앞서 함무라비 법전에 새겨진 그림을 설명하면서 이야기했듯이, 과거에는 이럴 때 신의 입을 빌렸습니다. 왕이 백성들을 다스릴 권한을 신으

절대주의 국가에서 일어난
정치 이론. 왕권은 신으로
부터 주어진 것으로, 왕은
인간에 대해 어떤 책임도
질 필요가 없으나, 인민은
왕에게 절대 복종해야 한다
고 주장한다.

로부터 받았다고 주장하는 왕권신수설*은 그런 고민
에서 나온 해결책이었습니다.

역사적으로 이 외에도 여러 가지 해결책들이 시도
되었습니다. 위에 인용한 글은 『구약성경』에서 이스라
엘 민족을 이끌던 모세가 하나님으로부터 십계를 받
아 오는 장면을 묘사한 것입니다. '계(誡)'는 계율, 규
칙이라는 뜻이니 하나님으로부터 열 개의 법을 받은
것이라고 할 수 있습니다.

재미있는 것은 그것이 하나님으로부터 일방적으로 내려온 명령이 아
니라 '우리와 언약'하여 만들어진 '약속(covenant)'이라고 묘사했다는 점
입니다. 인간이 신과의 약속을 지키면 생존과 번영이 주어진다는 동기
부여를 통해 계율을 잘 지키도록 유도하고 있는 셈입니다.

또한 인간이 스스로, 그들을 대신하여 신과 대면한 모세를 통해 맺은
약속이기 때문에 그 약속을 지켜야 할 의무가 있다고 생각하도록 만들
기도 합니다.

이런 '약속'의 개념을 '신과 인간의 약속'에서 '인간 상호 간의 약속'으
로 바꾸어 제시한 철학이 있습니다. 신의 시대인 중세를 마무리하고 인
간의 시대인 근대로 들어서는 길목에서 등장한 사회계약론입니다.

사회계약론은 사회가, 그리고 그 사회를 움직이는 법을 이미 주어진
것, 구성원들이 무조건 따라야 하는 절대적인 것이 아니라 구성원들이
자신의 권리를 지키기 위해 서로 약속하고, 계약을 맺어서 만들어낸 일
종의 도구라고 봅니다.

당연히 국가의 주인은 국가 자체 혹은 소수의 상류층이 아니라 계약
의 당사자인 모든 사회 구성원이 됩니다. 여기서 모든 사람이 사회의 주

인이 되는 민주주의가 정치의 기본 원리로 등장합니다.

그런데 이렇게 인간들이 스스로 계약을 맺으려면 애초에 계약을 맺을 권리를 모든 사람들이 똑같이 가지고 있다는 것이 전제가 되어야겠죠? 그래서 모든 사람은 태어날 때부터 고유의 가치와 존엄성을 지니고 있다는 자연권 사상도 함께 등장했습니다.

현대 사회의 법은 이런 약속의 개념을 바탕으로 성립된 것입니다.

2장

헌법,
민주주의의
탄생

1
헌법의 뿌리,
마그나 카르타

✑ 미국 헌법이 800년을 기념하는 이유

2015년 미국의 수도 워싱턴에서는 특별한 전시회가 열렸습니다. 이름하여 '미국 헌법 800주년 기념 전시회'입니다. 미국 연방대법원은 물론 의회, 대통령까지 참석하는 매우 거창한 행사였습니다.

그런데 역사에 조금이라도 관심이 있는 학생이라면 뭔가 이상하다는 느낌을 받았을 겁니다. 새로운 헌법이 만들어진다는 의미는 새로운 나라가 만들어진다는 것입니다. 그렇다면 미국이 800년이나 된 국가라는 걸까요?

미국이 지금의 헌법 제정 절차를 마친 것이 1789년, 영국과의 독립전쟁이 마무리되고 처음으로 헌법안이 만들어진 것이 1787년, 독립전쟁의 시작을 알리는 독립선언 시기까지 최대한 거슬러 올라간다고 해도

복원 작업을 마친 마그나 카르타.

1776년이니 2020년을 기준으로 하면 미국의 건국은 최대치로 잡아도 250년도 채 되지 않았습니다.

그렇다면 '미국 헌법 800주년 전시회'에는 왜 800년이라는 얼토당토않은 수치가 붙은 것일까요? 의문을 풀기 위해서는 이 전시회에서 무엇을 전시하는지 알아봐야 할 것입니다.

전시회장에는 도난을 막기 위해 방탄유리로 만든 진열장이 있었습니다. 귀중한 문서를 보관하기 위해 특별히 제작한 진열장이지요. 뿐만 아니라 실내는 자동으로 온도와 습도가 조절되고, 진열장 내부는 완전히 진공 상태를 유지했습니다.

이렇게 극도로 조심스럽게 보호하는 진열장 안에는 누렇게 빛이 바랜 종이가 있습니다. 그날 수많은 사람들이 그곳에 모인 이유는 단 하나, 저 진열장 안의 누런 문서 마그나 카르타*를 직접 보기 위해서였습니다. 그리고 그 속에 우리가 궁금해하는 문제의 답이 있습니다.

🖋 마그나 카르타가 뭔데요?

마그나 카르타는 대체 무엇일까요? 영어도 아니고 라틴어로 만들어진 말이니 감도 잡히지 않는 게 당연합니다. 하지만 왠지 좀 멋져 보이는 이름 아닌가요? 그런데 정작 그 뜻을 설명하면 실망할지도 모르겠어요. 우선 마그나 카르타가 만들어지게 된 배경부터 설명하겠습니다.

지금으로부터 약 800년 전, 영국은 봉건제 국가였습니다. 흔히 왕이라고 하면 절대적인 권력을 가지고 신하들의 목숨을 쥐락펴락하는 강력한 지도자를 연상하지만, 사실 왕이 그렇게 압도적인 지배력을 지녔던 시기는 절대 왕정기라고 불리던 짧은 기간뿐이었습니다. 봉건제 아래에서의 왕은 다른 영주들과 협력하는 관계에 가까웠지요.

영주들은 왕이 요청하면 언제라도 군대를 이끌고 출동하거나 세금을 바치고, 반대로 왕은 더 큰 세력을 가진 입장에서 영주들이 공격을 받거나 어려움에 처하면 도움을 줍니다. 하지만 영주의 영토 내에서 벌어지는 일에는 간섭하지 않는 방식으로 서로 의무를 지는 계약 관계라고 할 수 있습니다.

이렇다 보니 왕의 세력이 약해져서 좀 만만해 보이게 되거나 심지어 영주들에게 약속한 도움을 못 주는 상황이 되면 영주들이 힘을 모아 왕을 갈아 치우는 일도 있었습니다.

800년 전 영국의 상황도 그랬습니다. 당시 영국을 다스리던 존 왕은 형인 리처드 3세가 십자군 원정◆을 떠나면서 왕위를 물려받았는데 형이 원정군을 꾸리면서 무리하게 병력을 빼 갔기 때문에 군사력이 크게 약화되었습니다. 원래 바다 건너 프랑스의 노르망디 지역도 영국의 영토였습니다. 하지만 존 왕의 힘이 약해진 것을 간파한 프랑스군이 공격을 해 오자 별다른 저항도 못 해보고 땅을 내주어야 했습니다.

마그나 카르타

마그나 카르타는 1215년에 러니미드에서 존 왕이 남작들을 만났을 때 인장을 찍은 단 하나의 원본 문서가 아니었다. 그 합의는 구두로 이루어졌고, 후에 왕의 필경사에 의해 왕의 칙허장으로서 문서로 선서를 하고 확인되었다. 1215년 6월, 전국에 마그나 카르타의 사본을 많이 보냈지만 현재 영국 도서관에 2부, 링컨 대성당과 솔즈베리 대성당 문서 보관소에 각각 1부씩 총 4부가 남아 있다.

십자군 원정

11~13세기에 걸쳐 서유럽의 기독교도들이 성지 회복이란 명목하에 일으킨 대원정.

더 큰 문제는 영국 내의 귀족들이었습니다. 연이은 프랑스와의 전쟁으로 세금 부담에 골머리를 앓던 귀족들은 존 왕이 무능하고 무기력한 모습을 보이자 왕에게 반기를 들고 대항하게 됩니다.

이빨 빠진 호랑이처럼 세력이 약화되어 있던 존 왕은 금세 귀족들에게 굴복하였습니다. 하지만 존 왕을 대체할 왕이 마땅치 않았습니다. 가까운 왕족 중에 내세울 만한 사람도 없고 그렇다고 귀족들 중에 누군가가 왕의 자리를 차지하면 이를 인정하지 않는 귀족들과 또다른 내전이 벌어질 판이었던 거죠.

하지만 칼을 빼 들었으니 무라도 잘라야지 그대로 물러갈 수는 없는 일. 귀족들은 전략을 선회하여 존 왕에게 귀족들의 권리를 보장하고 앞으로는 함부로 세금을 거두거나 억압을 하지 않겠다고 약속하는 일종의 각서를 쓰게 만듭니다. 쓰다 보니 부가할 다른 내용들이 생각나서 서류가 하나 더 추가되었습니다.

서류를 라틴어로 카르타(carta)라고 하는데 추가한 내용이 보다 중요했기 때문에 '크다'는 의미의 마그나(magna)를 붙여서 큰 서류라는 뜻으로 이를 마그나 카르타라고 부르게 된 것입니다.

✒ 절대적인 왕의 권력보다 국민의 권리

여기까지 읽은 학생들은 '어라?' 하고 고개를 갸우뚱했을 것입니다. 마그나 카르타가 대단한 문서인 줄 알았는데 왕이 귀족들에게 권리를 보장하겠다고 써준 각서에 불과하다니요.

더 어이없는 건 왕의 서명이 담긴 마그나 카르타를 받고 귀족들이 군대를 철수시키자 석 달도 되기 전에 존 왕이 마그나 카르타의 내용과 효력을 부정했다는 것입니다. 강압에 의해 억지로 쓴 것이니 무효라나요? 결국 마그나 카르타는 오랜 세월 동안 잊혔습니다.

400년이라는 까마득한 시간이 지난 후에 마그나 카르타를 부활시킨 것은 법률가 에드워드 코크(Edward Coke)*였습니다.

에드워드 코크
(1552~ 1634)
영국의 대법원장이었던 그는 마그나 카르타를 깊게 논평한 최고의 법학자이다. 그는 마그나 카르타의 자유들이 개인의 자유와 같은 것이라고 해석하고, 1628년 권리청원을 주도하였다.

당시 영국은 점차 중산층의 힘이 강해져 가고 있었습니다. 대법관이었던 코크는 기존의 봉건제에서 절대 권력을 휘두르던 왕에 맞서 중산 계급의 권리를 지키기 위해 마그나 카르타를 전면에 내세웁니다. 즉, 마그나 카르타에서 왕이 '기본권을 존중하고 보장하겠다'고 했던 약속은 귀족에게만 한 것이 아니고 일반 국민 전체에게 한 약속으로 봐야 한다고 해석을 확장한 것이지요.

왕이 스스로 권력을 남용하지 않고 기본권을 보장하기로 오래전부터 약속했으니 왕의 권력보다 법치가 더 우선시되는 것이 당연하다는 논리였습니다.

이를 바탕으로 당시 국왕이었던 제임스 1세가 재판에서 패소하는 전대미문의 사태를 불러일으키며 왕과 대립하기도 하고 인권보장에 대한 약속을 재확인하는 권리청원을 주도하기도 했습니다.

코크의 치열한 노력으로 사람들은 왕의 권력도 무소불위의 절대적인 것이 아니고 오히려 국민의 권리가 더 우선시되어야 한다는 깨달음을 얻기 시작했습니다. 이런 생각은 영국의 민주주의를 탄생시킨 시민혁명의 뿌리가 되었습니다.

하지만 여전히 귀족과 평민 사이에 신분의 벽이 존재하던 영국보다 더 적극적으로 법치에 바탕을 두고 민주주의라는 시스템을 적극적으로 수용한 것은 영국으로부터 독립한 신생 국가, 미국이었습니다.

미국은 왕의 절대 권력과 맞선 코크의 싸움이 곧 영국 왕실과 맞선 자신들의 독립투쟁과 연결된다고 생각했던 것입니다. 미국은 코크의 법적 논리와 제도를 고스란히 자신들의 것으로 이식하여 국가 체제를 만들어나갔습니다.

그 과정에서 코크가 이 모든 주장의 근거로 제시했던 마그나 카르타 역시 자신들의 사상적인 뿌리로 남겨두었지요. 영국 왕이 영국 귀족들에게 써준 각서인 마그나 카르타가 미국의 정신적 지주로 자리 잡게 된 것, 워싱턴에서 열린 전시회에서 미국 헌법이 800주년이나 되었다고 자랑하게 된 데에는 이런 역사적 배경이 있습니다.

+ 더 알아보기   권리청원이란?

　　1628년 영국 의회에서 찰스 1세의 승인을 얻어낸 국민의 인권에 관한 청원을 말한다. 당시 국왕이었던 찰스 1세가 전쟁 비용 등의 이유로 세금을 지나치게 부과하는 등 전제 정치를 펼치자 의회는 코크를 중심으로 찰스 1세와 대립했다. 그리고 국왕에게 권리선언을 하였는데 이것이 바로 권리청원이다.

　　새로운 법을 제정하지 않고 청원을 한 까닭은 국왕에게 자신들의 요구가 과거부터 가지고 있던 권리를 다시 주장하는 것에 지나지 않는다는 점을 강조하기 위해서였다. 즉, 새로운 권리가 아닌 원래부터 있던 권리를 재확인하는 과정이었던 것이다. 과세를 할 때는 의회의 동의를 얻어야 하고, 법에 의해서만 체포하거나 구금할 수 있고, 군인은 민가에 민간인의 동의 없이 숙박할 수 없다는 내용 등이 담겨 있다.

　　권리청원은 마그나 카르타, 권리장전과 더불어 영국 헌법에서 중요한 의미를 가지고 있다. 찰스 1세는 권리청원을 승인하고 나서 바로 다음해인 1629년에 의회를 해산시키고 이후 10년이 넘도록 의회 없이 전제정치를 실시했다. 이는 후에 청교도혁명의 불씨를 지피는 계기가 되었다.

🖋 국가의 설계도, 헌법

이렇게 길게 마그나 카르타에 대해 설명한 것은 헌법의 본질을 이해하는 데 마그나 카르타라는 시작점이 지닌 의미를 파악하는 것이 필수적이기 때문입니다.

헌법은 국가의 설계도이자 뼈대를 구성하는 법입니다. 국가의 각 기관들이 어떻게 구성되고 어떻게 운영되어야 하는지에 대한 기본적인 내용들이 담겨 있죠. 헌법을 의미하는 영단어 'constitution'이나 독일어 'verfassung'이 모두 '구성하다'라는 의미를 갖고 있는 것도 그런 까닭입니다.

하지만 그렇게 본다면 시간과 공간을 막론하고 어떤 공동체든 헌법에 해당하는 규범을 갖고 있을 것입니다. 친구 셋이 모여서 "야, 우린 앞으로 삼총사야. 내가 대장 할 테니까 넌 연락을 맡고, 너는 회비를 관리하면 어때?"라고 정한다면 비록 헌법이라는 이름과 형태는 아닐지언정 '조직의 구성과 운영'이라는 기능을 담당하는 규범을 만들었다고 볼 수 있을 테니까요.

그렇다면 역사적으로 모든 사회 집단들이 법치, 입헌주의를 원칙으로 삼았다고 봐야 할까요? 그렇진 않을 것입니다.

앞서 함무라비 법전 이야기에서 잠시 살펴보았듯이 법은 양날의 검, 부메랑과 같은 것입니다. 통치의 효율성을 높여주기 때문에 일정 규모 이상으로 커진 공동체에서는 필연적으로 등장하지만, 법이 지닌 보편성 때문에 정작 그 법으로 통치를 하려고 하는 지배 계급의 권력도 제한하는 효과를 갖게 되는 것입니다.

하지만 법은 그 자체로는 아무런 강제성을 가지고 있지 않습니다. 그래서 실제 권력을 지닌 집단이 법을 통치의 수단으로만 활용하면 '권력 제한'이라는 속성은 전혀 힘을 발휘하지 못하지요. 이럴 경우 법이 통치의 수단이 되었지만 결국 소수 통치자의 의지에 따라 사람들의 운명이 좌우되므로 '사람의 의지에 따른 통치'라는 의미에서 '인치(人治)'라는 이름으로 부릅니다.

즉, 법치란 단순히 법으로 하는 통치가 아니라 법의 보편석 원칙에 따라 권력이 제한되고 이를 바탕으로 사람들의 기본권이 보장되는 체제를 의미합니다. 왕을 다른 왕으로 바꿔도 여전히 왕은 왕입니다. 왕의 권력 자체는 여전히 절대적이라는 의미입니다.

왕이 스스로 권력을 제한하겠다는 약속을 받아내어 사람들의 기본권을 보장한 역사적인 첫 사례가 바로 마그나 카르타였던 것입니다.

이렇게 여러 법 위에 존재하는 법, 그래서 법을 통해 행사되는 다양한 권력들을 한꺼번에 제한하는 힘을 갖도록 새로이 만든 최고의 법을 헌법이라고 불렀습니다. 그래서 입헌주의란 단순히 헌법이 있고 없고를 의미하는 것이 아니라 헌법을 통해 권력이 제한되고 이를 통해 사람들의 권리와 행복이 보장되는 정치 체제, 즉 민주주의를 의미하는 단어가 된 것입니다.

하지만 마그나 카르타의 800년 역사가 보여주는 또 하나의 중요한 진실이 있습니다. 그런 권력의 제한이 단순히 문서를 한 장 썼다고 해서, 법을 만들었다고 해서, 저절로 이루어지는 것이 아니라는 점입니다.

귀족들의 위협을 받았을 때 존 왕은 기꺼이 러니미드 벌판에 달려 나와 굴욕스럽게 헌장에 사인을 했습니다. 하지만 귀족들이 칼을 거두자마자 약속을 쓰레기통에 처박아버렸습니다.

중산 계급의 여러 사람들이 힘을 얻게 되어 그 약속을 다시 상기시켜

실질적인 의미를 지니도록 하는 데 자그마치 400년이라는 시간이 필요했고, 거기서 다시 400년이 지난 지금까지도 지구상의 모든 국가들에 입헌주의의 원칙이 완전히 뿌리내리지는 못한 상황입니다.

입헌주의. 이를 통한 민주주의의 구현은 똑똑한 사람들이 만든 훌륭한 법 조항만으로 가능한 것이 아닙니다. 더 중요한 것은 헌법을 손에 들고 실제로 자신의 권리를 행사하고 구현하려고 꾸준히 노력하는 시민들의 힘입니다. 바로 여러분의 힘 하나하나가 법치를 이루는 소중한 조각들인 것입니다.

'헌법을 통한 법률의 제한'이라는 마그나 카르타의 아이디어는 신대륙 미국에서 본격적으로 꽃을 피우게 됩니다. 다음은 마그나 카르타가 대서양을 넘어 미국으로 건너가 헌법에 입각하여 법률의 유효성을 판단하게 한 역사적인 사건을 살펴보겠습니다. 그 계기는 위헌법률심사의 역사적인 페이지를 열어젖힌 '마버리 사건'이었습니다.

Q. 에드워드 코크가 마그나 카르타의 자유를 개인들의 자유로 인정한 것이 큰 의미인 이유는 무엇일까요? 왜 개인의 자유가 인정되어야 하는 걸까요?

Q. 고대 그리스의 플라톤은 자신의 저서 『법률』에서 "법이 정부의 주인이고 정부가 법의 노예라면 그 상황은 전도유망하고, 인간은 신이 국가에 퍼붓는 축복을 만끽할 것입니다"라는 말을 남겼습니다. 법치주의 아래에 사는 우리는 지금 축복을 만끽하고 있나요? 법치주의는 무조건 좋은 것일까요?

2
한밤중의 판사,
헌법재판을 시작하다

✒ 심야의 추격

"이틀일세. 이틀 안에 반드시 이 서류들을 전달해야 하네."

"그 먼 곳까지…. 시간이 너무 짧습니다."

"알고 있네만 어쩔 수 없네. 한밤중에도 쉬지 말고 계속 말을 달리게. 이틀 후면 추격자들이 출발할 걸세. 그들에게 붙잡히면 끝이야. 최대한 멀리 가야 하네."

"알겠습니다. 밤낮없이 달려서 틀림없이 전달하도록 하겠습니다!"

갑자기 웬 영화의 한 장면이냐고요? 이 대화는 '한밤중의 판사들 (Midnight Judges)' 사건에 대해 설명하느라 상상해 본 것입니다. '한밤

중의 판사들'이라니 무슨 영화 제목 같지 않나요? 이 흥미진진한 사건을 살펴보기 위해 200년 전 미국으로 돌아가봅시다.

1783년 독립한 신생국 미국은 초대 대통령 워싱턴에 이어 2대 존 애덤스 대통령이 정권을 잡았다가 재선에 실패했습니다. 이어 1801년 3월 존 애덤스 평생의 라이벌이자 앙숙인 토머스 제퍼슨이 3대 대통령에 오르게 됩니다.

하지만 제퍼슨에게 원한이 깊었던 애덤스는 임기를 이틀 남겨두고 대통령의 권한으로 판사들을 수십 명이나 임명해 버립니다. 자신이 임명한 판사들을 통해 제퍼슨을 임기 내내 괴롭히려는 의도였죠. 하룻밤 자고 일어났더니 판사가 되어 있더라, 하는 의미로 세간에서는 이들을 '한밤 중의 판사들'이라고 불렀습니다.

시간이 너무 촉박해서 서둘러 국회 인준을 받고 곧장 임명장을 전달하기 시작했으나 결국 몇몇 사람들에게는 채 임명장을 전달하지 못한 상황에서 신임 대통령을 맞이하게 됩니다. 새로 취임한 제퍼슨 대통령은 이 일을 알고 난 후 당연히 노발대발했고 아직 전달되지 않은 임명장들은 전달하지 말 것을 즉시 명령합니다.

겨우 며칠 차이로 평생의 명예가 될 수 있는 판사 임명을 못 받은 사람들은 정말 억울하지 않겠어요? 그중 한 명이 윌리엄 마버리(William Marbury)였습니다.

그는 행정부가 자신의 임명장을 주지 않고 있으니 사법부가 임명장을 전달하라고 명령해달라는 소송을 연방대법원에 제기했습니다. 당시 사법부 법(Judiciary Act)에 의하면 연방대법원이 행정부에 행정집행명령을 내릴 권한을 가지고 있었거든요. 공이 연방대법원으로 넘어오자 연방대법원장을 맡고 있던 존 마셜(John Marshall)은 머리가 복잡해집니다.

76

존 마셜은 전임 애덤스 대통령의 정치적 동지이자 같은 정당 출신이었고, 심지어 자신도 애덤스에 의해 임명된 판사였습니다. 즉, 마버리의 주장을 기각하는 것은 자신의 동지들에 대한 배신이자 자신의 판사 지위에 대한 부정이라는 모순에 빠지는 셈이었던 것입니다. 하지만 임기 내내 함께 가야 할 실세는 신임 대통령 제퍼슨입니다. 만약 마버리의 주장을 받아들인다면 제퍼슨과 불편한 관계가 되겠지요.

더 나아가 당시엔 연방대법원의 결정을 행정부가 거부할 수 있었기 때문에 제퍼슨이 정면으로 판결 거부를 선언할 수도 있었습니다. 그렇게 되면 안 그래도 존재감 없이 의회 건물에 더부살이를 하고 있던 연방대법원이 완전히 있으나 마나 한 존재로 전락할 상황이었습니다.

어떻게 하면 좋을까요? 여러분이 마셜의 입장이라면 어떻게 했을까요?

✎ 위헌법률심판의 탄생

뭔가 묘안을 찾아냈나요? 그렇다면 마셜 대법원장이 찾아낸 방법과 한번 비교해 보세요.

마셜은 일단 마버리의 주장이 맞다고 판단했습니다. 즉, 마버리에게 내려진 판사 임명은 정당하고, 또한 임명장을 전달하지 않은 행정부에게 전달을 강제하는 행정집행명령을 내려달라는 호소도 사법부 법에 의거한 정당한 주장이라는 것이지요.

여기까지만 들으면 '아, 역시 애덤스의 편을 들었구나' 생각할지 모르겠지만 그 뒤에는 엄청난 반전이 기다리고 있습니다.

마셜은 마버리의 주장이 타당하지만 행정부에 그 집행을 강제해 달라는 행정집행명령의 권한을 연방대법원에 부여하는 사법부 법이 헌법에 없는 내용이기 때문에 위헌이라고 판결했습니다.

머리가 복잡해지죠? 다시 말하자면, 마버리의 말이 다 맞지만 사법부가 행정부에게 이래라저래라 할 수 있는 권한의 근거인 사법부 법이 애초에 헌법에 어긋나니까 사법부는 행정부에게 강제할 수 없다, 그러니 제퍼슨 행정부가 임명장 전달을 중지한 것도 우리로서는 어쩔 수 없다, 이런 얘기입니다.

황희 정승이 서로 말다툼을 벌이다가 누가 옳은지 가려달라고 달려온 아이들에게 "네 말도 맞고, 네 말도 맞다, 허허" 하셨다는 이야기처럼

들리지 않나요? 황희 정승은 마음이 넓은 분이라 그렇게 말씀하셨을 수도 있지요. 하지만 마셜 대법원장은 이쪽저쪽에 모두 미움을 사고 싶지 않아서 저런 꼼수에 가까운 논리를 만들어낸 것입니다. 천재적이지 않나요?

동기야 어찌되었든 존 마셜 대법원장의 이런 판결은 헌법재판의 역사에 남을, 아니 헌법재판 자체를 처음으로 시작한 엄청난 사건이었습니다. 먼저 이 사건은 당시 거의 유명무실했던 '헌법'이라는 존재를 의회에서 만든 법보다 더 우선하는 최고의 법으로서 선언했다는 점에서 의의가 컸습니다.

앞에서 배웠던 마그나 카르타는 애초에 왕과 귀족 간의 약속이었고, 수백 년 후 에드워드 코크가 권리청원 등을 통해 그 약속을 상기시키고 강조한 것도 이미 대세가 되어가고 있던 중산 계급의 힘을 보여주기 위한 것이었습니다. 마그나 카르타가 그 자체로 강제력을 가지고 있다거나 그것이 다른 어떤 규범보다 우선하는 최고의 규범으로서 실체를 가지고 있다고 생각한 것은 아니었다는 이야기입니다.

마셜이 사법부 법보다 더 우선하는 원칙으로 헌법을 내세웠을 때 비로소 헌법은 인류의 역사에 '실체'로 등장하게 된 것입니다.

이 판결을 통해 헌법이 강제력을 가진 실체가 되었을 뿐 아니라 연방대법원도 헌법을 바탕으로 한 강력한 권한을 확보하게 되었습니다.

미국은 독립적인 법률 및 행정 체계를 가진 주들의 연합으로 만들어진 연방국가이기 때문에 재판도 각 주의 법에 따라 독자적으로 이루어지는 것이 원칙입니다. 따라서 연방대법원은 이름은 거창하지만 딱히 역할이 없는 기관이었습니다.

하지만 마버리 판결에 의하면 연방대법원은 각 주 혹은 연방의회에서 만든 법률이 헌법에 어긋나는지 아닌지를 판단하여 무효화할 수 있는 권한을 갖게 됩니다. 이런 제도를 사법심사(judicial review) 혹은 위헌법률심판이라고 부릅니다.

우리가 흔히 헌법재판이라고 부르는 것의 핵심은 바로 이 위헌법률심판 제도입니다. 헌법이 '법 위의 법'이라고 불리게 된 결정적인 계기지요.

마버리 사건의 또다른 의의는 역시 이 시점까지는 모호한 상태에 놓여 있던 사법부의 독립적 권한을 강조하고 행정부, 의회와 사법부의 관계를 정립했다는 것입니다. 즉, 사법부는 행정부와 독자적인 입장에서 판결을 내릴 수 있고, 헌법에 근거해서 의회가 만든 법률을 견제할 권한도 갖는다는 것을 분명히 했습니다.

이로써 행정부, 입법부, 사법부는 본격적으로 민주국가를 지지하는 세 개의 축으로서 서로 견제를 통해 균형을 만들어가는 시스템을 구축하게 됩니다.

우리는 이러한 체제를 삼권분립이라고 부릅니다. 이에 관해서는 다음 꼭지에서 좀더 자세하게 설명하겠습니다.

✑ 우리나라 헌법재판소의 다섯 가지 기능

우리나라에도 이런 위헌법률심판을 담당하는 곳이 있습니다. 바로 6월 민주항쟁의 결과 1987년에 개정된 제9차 개정헌법에 의해 만들어진 헌법재판소입니다.

헌법재판소와 관련해서 학생들에게 흔히 받는 질문이 "헌법재판소와 대법원은 뭐가 다른가요?" 혹은 좀더 노골적으로 "둘 중에 어디가 더 높아요?"입니다.

두 질문을 합쳐서 대답하자면 헌법재판소와 대법원은 서로 다른 역할을 담당할 뿐이지 어느 곳이 더 높거나 낮은 것은 아닙니다.

법원은 법률을 바탕으로 여러 사건들을 '재판'하는 곳이고, 헌법재판소는 헌법을 바탕으로 법률이 올바른지를 '심판'하는 곳입니다. 그래서 법원의 재판 결과는 판결이라고 하고 헌법재판소의 심판 결과는 결정이라고 구분해서 부르기도 합니다.

우리나라의 헌법재판소는 크게 다섯 가지 권한을 가지고 있습니다. 좀 많다고 느낄 수도 있지만 하나하나 중요한 권한들이니까 기억해 두면 좋을 거예요.

위헌법률심판

첫 번째는 지금까지 설명한 위헌법률심판입니다. 법원에서 재판을 진행하다가 재판의 전제가 되는 법률에 문제가 있다고 판단이 되면 헌법재판소에 위헌 여부를 가려달라고 신청하는 방식입니다.

예전 민법에는 서로 사랑에 빠져서 결혼하려고 하는 사람들이라도 성과 본이 같으면 결혼할 수 없다는 '동성동본 금혼' 조항이 있었어요. 이 조항은 위헌법률심판을 받게 되었는데, 헌법재판소는 1997년에 혼인의 자유, 행복추구권 등 헌법상의 권리를 침해한다는 헌법불합치 결정을 내렸습니다. 이 결정으로 혼인이 인정되어 행복을 되찾게 된 부부가 수십만 쌍에 달한다니 정말 다행스러운 일입니다.

헌법소원심판

그런데 만약 개인의 입장에서 법률이 잘못되었다고 생각하는데 법원에서 위헌법률심판을 제청하지 않으면 어떻게 할까요? 혹은 공권력에 의해 기본권이 침해되었다고 생각한 사람이 구제를 요청할 수도 있지 않을까요?

이런 경우 개인이 헌법재판소에 헌법소원심판을 신청할 수 있습니다. 국민이 직접 헌법재판소에 구제를 신청할 수 있는 제도가 바로 헌법소원입니다.

탄핵심판

세 번째는 탄핵심판입니다. 법률이 정한 고위 공무원이 직무상 위법한 행위를 할 경우 국회에서는 이 사람을 공직에서 파면하도록 의결할 수 있습니다. 국회의 의결이 이루어지면 최종적으로 탄핵이 타당했는지를 헌법재판소에서 판단하게 됩니다. 지난 2017년 대통령 탄핵도 헌법재판소에서 최종 결정이 내려졌습니다.

위헌정당해산심판

네 번째는 위헌정당해산심판입니다. 어떤 정당의 목적이나 활동이 헌법상의 질서에 어긋난다고 여겨질 경우 정부가 해산을 제소하면 그 최종적인 판단을 헌법재판소가 담당합니다. 2014년 12월 통합진보당이 위헌정당해산 결정을 통해 해산된 사례가 있습니다.

권한쟁의심판

마지막 다섯 번째는 권한쟁의심판입니다. 국가기관 간, 혹은 지방자치단체 사이에 다툼이 발생했을 때 어느 쪽의 주장이 옳은지 최종적으로 판단하는 것입니다. 2012년 교육부 장관의 재의 요청을 거부하고 서울

국민의 권리를 지키는 헌법소원심판

미국을 비롯하여 헌법재판 제도가 도입된 세계 여러 나라에서 통상 헌법재판은 위헌법률심판을 의미하는 경우가 많다. 우리나라에는 그 외에도 네 가지 헌법재판의 종류가 더 있는데 특히 헌법소원심판은 국민들이 직접 침해된 기본권의 구제를 청구할 수 있다는 점에서 위헌법률심판 못지않은 중요성을 지니고 있다.

헌법소원에는 두 가지 종류가 있다. 내가 당사자인 재판에 적용되는 법률이 헌법에 위반되는지의 여부가 재판의 전제가 되는 경우, 이 법률의 위헌 여부를 판단해 달라고 요청하는 위헌심사형 헌법소원이 첫 번째다. 그리고 공권력의 행사 또는 불행사로 인하여 헌법상 보장된 기본권을 침해받은 당사자가 권리 구제를 요청하는 권리구제형 헌법소원이 있다.

| 헌법소원 심판 절차 흐름도 |

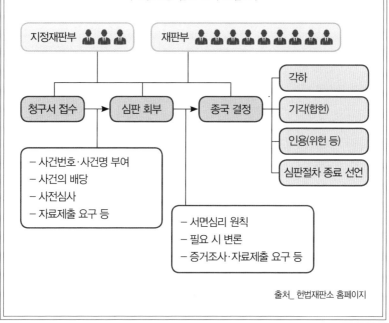

출처_ 헌법재판소 홈페이지

시 교육감이 학생인권조례 공포를 강행한 데 대해 교육부 장관이 낸 권한쟁의심판에서 헌법재판소는 서울시 교육감이 교육부 장관의 권한을 침해하지 않았다는 결정을 내린 사례가 있습니다.

지난 30년이 넘는 세월 동안 헌법재판소는 많은 결정들을 통해 우리나라의 인권을 신장시키는 중요한 계기들을 만들어왔습니다.

여기에서 한번 더 생각해 봅시다. 헌법재판소에 부여된 이 큰 권한은 어디에서 온 것일까요? 헌법재판에는 과연 좋은 점만 있을까요?

아직 끝나지 않은 대표성 문제

다시 200년 전 미국의 수도 워싱턴으로 돌아가봅시다.

연방대법원장 존 마셜이 내놓은 절묘한 해결책에 제퍼슨 대통령은 기뻐했을까요? 제퍼슨의 반응은 예상과 정반대였습니다. 법률 전문가들로 구성된 연방대법원이 국민들의 대표들로 구성된 의회가 만든 법을 뒤집거나 폐지할 수 있다고 선언한 것이나 마찬가지이기 때문이었습니다. 아래는 1820년 9월 28일, 제퍼슨이 미국 독립운동의 버팀목인 윌리엄 자비스(William Jarvis)에게 보낸 편지 중 일부입니다.

당신은 판사들이 모든 헌법적 문제들에 대한 최종적인 해석자라고 생각하는 모양인데 그것은 우리를 몇몇 사람들이 지배하는 폭정 아래 두는 정말 위험하고 독선적인 생각입니다. 판사들 역시 인간에 불과한데 다른 공직자들은 선거를 통해 통제되는 반면, 판사직은 평생 직장이므로 책임을 지지 않아 더 위험합니다. 헌법은 세월이 지나고 편견을 지니게 되면 폭군으로 변할 수도 있는 구성원들로 이루어진 법원 하나에 좌우되어선 안 됩니다.

상당히 격앙된 표현이지만 제퍼슨은 판사 개개인의 자질을 비난하는 것이 아닙니다. 판사는 법에 대한 전문적인 지식과 소양을 인정받은 사람들이지만 국민에 의해 선출된 사람도, 또한 반복적인 선거를 통해 견제받는 사람도 아니기 때문에 헌법을 해석하는 막강한 권한을 판사들에게만 맡겨두는 일이 위험할 수 있다는 점을 지적하는 것입니다.

민주주의는 기본적으로 이렇게 재차 확인하고 견제하는 방식을 통해 국민들의 기본권을 보장하도록 설계된 제도입니다. 훌륭한 사람을 뽑을 수 있다면 바랄 나위 없이 좋겠지만 혹시 나쁜 사람이 뽑히거나, 훌륭한 사람이 도중에 변심을 할 수 있겠지요. 그렇더라도 다음 선거를 통해 그 책임을 묻고 교체할 수 있지요. 국민의 견제를 받아 올바른 정치를 하도록 유도하는 것입니다.

따라서 국민들의 지지를 받아 선출되었다는 것은 민주주의에서 아주 중요한 가치를 지닙니다. 이를 국민들을 대표하는 입장이라는 의미에서 '대표성의 원칙'이라고 부릅니다.

대표성이 없고 선거를 통한 견제도 불가능한 판사들이 헌법의 권위를 바탕으로 폭군이 될 수도 있다는 제퍼슨의 우려는 매우 합리적이었습니다. 어려운 문제지만 저는 헌법재판 자체가 지니고 있는 성격을 달리 바라봄으로써 여러분의 사고가 확장되었으면 합니다.

우리는 흔히 법은 명확한 정답을 가지고 있고 재판은 자판기처럼 '사건'을 넣으면 '판결'을 덜컥 내놓는 기계적인 과정이라고 생각하는 경우가 많습니다. 하지만 때로는 재판이 국민들의 지혜를 모으고 관심과 사고를 이끌어내면서 옳은 일이 무엇인가에 대해 함께 고민해 보는 과정이 될 수도 있습니다.

헌법재판도 마찬가지입니다. 헌법에 미리 담겨 있는 진리의 정답을 전문가인 법관들이 꺼내어 보여주는 것이 아니라, 재판 과정과 논리들을 통해 우리 사회에서 헌법이 무엇이라야 하고 국민들의 기본권을 지키기 위해 올바른 판단은 무엇이 되어야 하는지를 함께 결정해 나가는 과정이 될 수도 있다는 것입니다.

법학자 허영의『한국헌법론』에 따르면 어떤 학자는 이러한 생각을 "헌법재판은 국민들의 강력한 헌법에의 의지를 형성해 나가는 과정이다"라고 표현하기도 했습니다.

여러분의 생각은 어떤가요? 여러분의 마음속에는 지금 '헌법에의 의지'라는 나무가 자라나고 있나요?

생각해 볼 문제

Q. 헌법이 법률보다 우선시되어야 하는 이유가 뭘까요? 헌법의 내용이 모호한 경우에도 보다 구체적인 내용을 담고 있는 법률을 해석하는 기준으로 적용될 수 있을까요?

Q. 사회적으로 중요한 일을 결정할 때 대표성이 있는 사람과 전문성이 있는 사람의 의견이 충돌한다면 누구의 의견이 우선시되어야 할까요? 왜 그렇게 생각하나요?

3
민주주의를 위한
위대한 비효율, 삼권분립

✍ 헌법이라는 모자가 씌워진 까닭

초등학교 혹은 중·고등학교에서 헌법에 대해 공부해 본 적이 있는 학생이라면 아마 '헌법은 법 중에 최고의 법이고, 다른 법이나 사회규범들은 헌법에 근거해서 만들어진다'고 배웠을 것입니다. 그래서 법의 단계를 표현할 때 다음 페이지에 등장하는 피라미드 모양으로 설명하기도 합니다.

이 그림은 실정법의 체계를 한눈에 이해할 수 있도록 잘 표현했지만 약간 오해의 소지도 있습니다. 마치 헌법이 제일 먼저 만들어지고 그다음에 법률이, 명령이, 조례와 규칙이 순서대로 만들어진 것처럼 생각하게 만들기 쉽기 때문입니다.

지금까지 이 책을 충실히 읽어온 학생이라면 이런 생각이 사실과 다

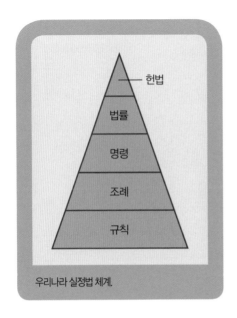

우리나라 실정법 체계.

르다는 걸 알 수 있겠지요.

법은 인간이 문자를 처음 사용하기 시작한 시점에서부터 이미 기록으로 남겨져 왔을 만큼 인간들이 사회를 이룬 곳이라면 어디에나 존재해 왔습니다.

하지만 헌법이라는 형태의 법은 그보다 훨씬 이후의 시기인 1215년 마그나 카르타에서 그 기원을 찾고 있습니다.

그렇게 보자면 이 피라미드 그림은 헌법에서부터 순서대로 법이 만들어져 내려온 것이 아니라 이미 존재하고 있던 법을 비롯한 여러 사회규범 위에 어느 날 갑자기 헌법이라는 모자 혹은 머릿돌이 턱 하니 얹혀진 것으로 보는 게 맞을 겁니다.

그럼 '헌법이라는 모자'는 왜 씌워지게 된 것일까요? 앞서 최초의 헌법으로 일컬어지는 마그나 카르타 이야기에서 그 실마리를 찾을 수 있습니다. 러니미드의 벌판에서 왕의 권력을 제한하는 약속으로 존 왕 자신이 서명함으로써 만들어졌던 마그나 카르타, 그리고 수백 년 후에 에드워드 코크에 의해 그 약속이 상기되고 확장되어 영국 민주주의의 근간을 만들었던 과정을 기억하나요?

헌법을 통해 기본권을 보장한다고 말할 때 헌법에 하나하나의 권리가 조항으로 적혀 있다고 생각하기 쉽습니다. 하지만 자유권을 먹고 싶은 것을 먹을 자유, 졸릴 때 잘 수 있는 자유, 화장실 가고 싶을 때 갈 자유

등으로 일일이 세분화해서 쓴다면 한도 끝도 없지 않겠어요?

차라리 왕 또는 국가의 강력한 권력을 여러 가지 방식으로 제한해서 그렇게 확보된 '여백'을 기본권이라고 부르는 편이 훨씬 폭넓은 권리를 보장하는 효과적인 방법일 것입니다.

마그나 카르타가 그랬듯이 헌법은 이미 존재하고 있는 왕이나 국가의 강력한 권력, 그리고 그 권력의 체계로서 법률을 국민의 기본권이라는 가치를 바탕으로 제한하도록 만들어진 '모자'입니다.

이렇게 보자면 앞서 보여드렸던 법 단계 피라미드는 국민의 지지와 동의가 얼마나 넓은지를 기준으로 부여한 서열이라고 할 수도 있습니다. 헌법은 국민 전체의 국민투표, 법률은 국민의 대표인 국회의원, 명령은 행정부, 이런 식으로 각 규범들을 만드는 주체의 범위가 좁아지기 때문입니다.

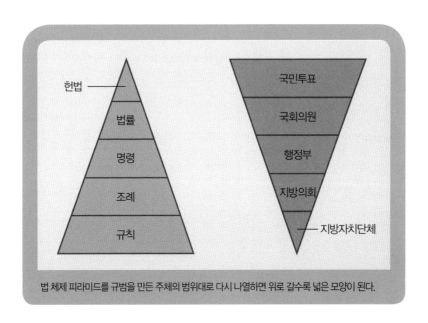

법 체제 피라미드를 규범을 만든 주체의 범위대로 다시 나열하면 위로 갈수록 넓은 모양이 된다.

국민의 힘을 바탕으로 만들어진 헌법, 그 헌법을 바탕으로 한 정치, 우리는 이런 통치 체제를 '민주주의'라고 부릅니다.

✒ 기본권의 자리를 어떻게 만들 것인가

여기서 앞의 내용을 기억하는 분이라면 고개를 갸우뚱할 겁니다. 법이라는 게 힘이 세 보이지만 사실 따지고 보면 글자로 만들어진 조항들에 불과한지라 그 자체로 사람들을 강제할 힘은 없다고 했지요?

그럼 법 위에 또 법을 쌓아 보아야 무슨 의미가 있을까 하는 생각이 들 것입니다. 헌법은 어떻게 권력을 제한해서 시민들의 기본권을 위한 '여백'을 만들어내는 것일까요?

법이 지니고 있는 강제성, 혹은 시민들이 부여하는 정당성의 힘이란 현실적으로는 아주 강력한 힘이라고 할 수 없을지 몰라도 특정한 상황에서는 결정적인 요소로 작용할 수 있습니다. 한 방울의 물은 아무것도 아닐지 몰라도 컵에 물이 가득 담겨서 찰랑찰랑한 상황이라면 단 한 방울의 물로 컵에서 물이 넘치게 할 수도 있다는 거죠.

이렇게 하나의 상태에서 다른 상태로 넘어가기 직전의 한계 상황을 임계점(tipping point)이라고 합니다. 어떤 정치 체제를 임계 상황에 도달하도록 설계한다면 국민의 지지와 동의, 그를 바탕으로 한 법적 구속이 결정적인 역할을 할 수 있다는 것이지요.

그러면 어떻게 이런 임계 상황을 인위적으로 만들어낼 수 있을까요?

어떤 나라에서 군인들이 정권을 전복하려는 쿠데타를 일으켰다고 가정해 봅시다. 군대는 탱크, 전투기를 비롯해서 한 나라의 무력을 독점하는 조직이기 때문에 일단 쿠데타를 일으킨다면 이들을 막을 수 있는 세력은 별로 없을 것입니다. 법도 별다른 힘을 발휘할 수 없겠죠.

그런데 만약 쿠데타에 성공한 군대 내부에 분열이 생겨서 세력이 서너 개로 쪼개진다면 어떻게 될까요?

한 세력이 나머지 세력들을 압도할 수 없는 상황이라면 아마 각자 정당을 만들어 국민들의 지지를 끌어들이려고 하거나 법원에 판결을 요청하여 자신들이 더 정당성을 지니고 있다고 확인받으려 하겠죠. 이런 상황이 된다면 압도적인 폭력에 숨을 죽이고 있던 국민들의 의지와 법적 절차들이 비로소 결정적인 힘을 발휘하게 될 것입니다.

실제로 2017년 짐바브웨에서 그런 일이 있었습니다. 장기집권을 하던 독재자 무가베 대통령이 부통령이던 음난가그와를 해임합니다. 이에 대항하기 위해 음난가그와는 군부를 동원하여 쿠데타를 일으킵니다. 탱크와 병력을 동원해 의회와 대통령 관저를 장악한 쿠데타 세력은 무가베를 지지하는 군인들의 역습에 대비하고 국민들의 지지를 얻기 위해 대법원에 자신들의 행동이 법적으로 정당한지 판단해 달라는 재판을 신청했습니다.

당연히 재판이 이루어지는 동안 최대한 실정법을 준수하는 모양새를 갖추기 위해 노력했고 국민들의 기본권을 존중하는 제스처를 취했습니다. 쿠데타 자체가 이미 불법적인 일인데 그 주역들이 스스로 법적 판단을 요청하는, 그리고 법을 지키려고 노력하는 아이러니한 상황이 벌어진 것입니다.

이렇듯 권력이 한군데에 집중되어 있지 않고 분산되어 서로 견제를 하면서 균형을 이루고 있으면 법치를 통한 민주주의의 실현 가능성이 훨씬 높아집니다.

바로 그런 목적에서 국가의 뼈대를 설계하는 헌법에 중요한 설계 내용으로 포함된 것이 삼권분립입니다.

✑ 민주주의를 지키는 위대한 발명품, 삼권분립

삼권분립이라면 입법부, 행정부, 사법부로 역할을 나눈다는 뻔한 내용인데 임계 상황이니 쿠데타니 왜 이렇게 어려운 이야기를 하는 건가 하고 당황스러워하는 독자도 있을 겁니다. 하지만 삼권분립만큼 민주주의에 중요한 제도도, 그리고 그만큼 심각하게 오해를 받고 있는 제도도 없기 때문에 그 뿌리를 깊이 이해했으면 하는 뜻에서 조금 어렵고 복잡한 내용이지만 앞의 설명들을 덧붙였습니다.

전에 어떤 고등학교 수업을 참관하러 갔다가 선생님께서 삼권분립을 "국가의 일을 각각 역할에 따라 나누어 맡아서 효율적으로 처리하는 거예요. 공장에서도 서로 하는 일이 나누어져 있잖아요? 그런 분업과 같은 거죠"라고 설명하시는 것을 듣고 깜짝 놀란 적이 있습니다.

삼권분립의 목표는 정확하게 그 반대이며, 그렇기 때문에 우리에게 고통스러운 선택을 강요하는 제도입니다.

권력분립을 처음 주장한 사람은 영국의 사상가 존 로크(John Loke)라고 알려져 있습니다. 로크는 국가의 행정권과 입법권을 나눌 것을 주장하면서 "행정권의 수반인 국왕은 법 위에 있는 것이 아니라 오로지 국회의 의결을 거친 법의 구속을 받아야 한다"라고 말했습니다.

이 문장을 천천히 곱씹어보면 로크의 이른바 '이권분립론'은 이미 강력한 권력을 가지고 있는 국왕의 권력을 제한하여 행정권으로 묶어놓고, 이를 통제하는 힘으로서 입법권을 강조하고 있다는 것을 알 수 있습니다. 즉, 로크는 권력의 분립 자체보다는 왕에 대항하는 새로운 권력인 시민을 대표하는 입법권의 우위를 주장하려 한 것으로 보입니다.

여기에 사법부의 독립을 추가하여 권력기구 상호 간의 견제와 균형을 통해 국민의 기본권을 확보하는 시스템을 구상한 것은 프랑스의 사상가 몽테스키외(Montesquieu)입니다.

+ 더 알아보기 **권력분립의 역사**

삼권분립의 핵심은 권력을 셋으로 쪼갠다는 것보다는 권력을 분리하여 견제와 균형이 가능하도록 한다는 데 있다. 따라서 쪼개는 단위는 두 개, 세 개 혹은 현대 사회처럼 언론이나 시민단체의 감시와 견제까지 포함하여 네 개, 다섯 개까지도 얼마든지 가능하다. 따라서 권력분립이라고 부르는 것이 보다 일반적이다.

권력분립은 분리된 권력의 공존을 통한 정치 체계이기 때문에 혼합정체론이라고 하기도 한다. 로마의 공화정에서 군주정치원리에 입각한 집정관, 귀족정치 원리에 입각한 원로원, 민주정치 원리에 입각한 평민회의가 로마의 권력을 나누어 갖도록 한 것도 권력분립의 사례라고 할 수 있다.

권력분립이 본격화된 것은 시민혁명을 통해 민주정치 체제가 도입되면서부터였다. 영국의 명예혁명, 프랑스 대혁명 이후 도입된 헌법적 원칙들에서 권력분립은 핵심을 이루었다.

우리나라의 경우 상해 임시정부에서 1919년 4월 11일 공포한 대한민국임시헌장에서부터 이미 권력분립을 명문화했다. 현행 헌법에서는 '제40조 입법권은 국회에 속한다', '제66조 4항 행정권은 대통령을 수반으로 하는 정부에 속한다', '제101조 1항 사법권은 법관으로 구성된 법원에 속한다'는 조항들을 통해 각 기관의 권한을 명확히 구분하고 있다.

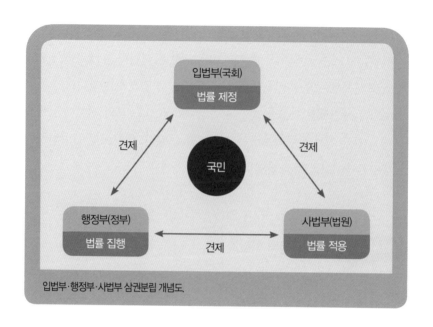

입법부(국회)

법률 제정

견제

견제

국민

행정부(정부)

법률 집행

견제

사법부(법원)

법률 적용

입법부·행정부·사법부 삼권분립 개념도.

그는 『법의 정신』이라는 책에서 "모든 정치권력을 가진 자는 권력을 남용하기 쉽다. 그는 권력을 극한까지 사용하고 싶어 한다"라고 지적하면서 이를 막기 위해 입법권, 재판권, 집행권의 삼권을 분립하는 시스템을 체계화합니다.

이 주장이 많은 사람들의 공감을 얻어 미국 독립혁명 이후 1787년 미국헌법에, 그리고 뒤이어 프랑스혁명 이후 1791년 프랑스헌법에 삼권분립이 채택되고, 민주국가의 기본적인 체제로 자리 잡았습니다.

위 그림은 일반적으로 알려져 있는 삼권분립의 기본 개념도입니다. 아마 여러 번 본 그림일 텐데 한번 이 그림을 자세히 뜯어보고 어딘가 이상한 데가 없는지 생각해 보세요. 도저히 모르겠다면 한 번만 더 책을 덮고 생각해 보고 나서 다음 글을 읽어보길 권합니다.

개념도의 어느 부분이 이상하다는 것일까요? 하나씩 살펴봅시다.

첫째, 그림의 순서입니다. 입법부가 맨 위 꼭짓점에 있고 행정부와 사법부가 아래에 자리 잡고 있는 것은 단순한 우연일까요? 앞에서 로크의 이권분립 이야기를 떠올려보면 그렇지 않다는 것을 금방 눈치챘을 겁니다.

권력분립론의 시작은 국왕의 행정권에 대해 시민들의 대표로 구성된 입법권의 우위를 주장하기 위한 것이었으니 당연히 삼부 가운데 가장 우선시되어야 할 것은 입법부겠죠. 우리 헌법에서 국가 기구를 설명하면서 입법부, 행정부, 사법부 가운데 입법부가 가장 앞에 나오는 것도 이런 이유 때문입니다.

둘째, 그럼 정말로 입법부의 힘이 가장 강할까요? 사실 이 그림이 가장 흔히 불러일으키는 오해는 삼부를 똑같은 크기로 그려놓았기 때문에 힘의 크기도 같고 동등한 입장에서 경쟁하고 있다고 생각하게 만드는 것입니다.

헌법이 국왕 또는 국가의 힘을 제한하기 위해 설계된 것임을 떠올려보면 삼부 가운데 다양한 국가 기구 및 공무원, 예산과 전문성을 가지고 정책을 수립, 집행하는 힘을 지닌 행정부가 가장 강력한 힘을 가지고 있다는 것을 알 수 있을 겁니다. 심지어 군대도 행정부 산하 국방부에 소속되어 있으니까요.

입법부와 사법부 간의 견제도 중요하겠지만 우리나라의 삼권분립에서 핵심적인 구조는 행정부의 강력한 권한을 입법부와 사법부가 어떻게 견제할 것인가 하는 문제를 안고 있습니다.

셋째, 가장 중요한 부분인데 왜 화살표에는 온통 견제만 있고 협력, 협

동 같은 내용은 없는 걸까요? 그 이유는 로크나 몽테스키외가 그랬듯이 애초에 권력분립이라는 제도 자체가 일을 더 잘하도록 만드는 '효율성'보다는 계속 브레이크를 걸어서 권력의 남용을 막는 '제한'을 목적으로 하기 때문입니다. 좀더 노골적으로 말하자면 권력분립은 최대한 비효율적인 상태를 만들어 민주주의를 지키는 소극적인 시스템입니다.

바로 이 부분에서 민주주의의 심각한 딜레마가 발생합니다. 가끔 학생들이 "우리나라 국회는 정말 일을 못하는 것 같아요. 왜 맨날 싸움만 해요?"라고 질문합니다. 그러면 저는 "국회는 원래 싸우는 게 일인 곳입니다"라고 답합니다.

'이거 안 된다, 저렇게 하면 안 되냐, 이래도 되는지 조사해 보자, 저거 해결하기 전에는 통과 못 시켜준다', 이러면서 이의를 제기하고 토론하고 때론 의견 충돌을 벌이면서 최대한 심사숙고하도록 만드는 것이 국회의 역할입니다.

당연히 그 과정에서 의사 결정 시간은 길어지고 되는 일보다는 안 되는 일들이 많아집니다. 하지만 그런 비효율이 민주주의의 대가입니다. 의회에서 법안이 올라오는 족족 일사천리로 통과되는 나라가 있다면 아마 그 나라는 의회가 유명무실한 독재국가일 것입니다.

권력분립이란, 이를 바탕으로 한 민주주의란, 끊임없는 견제와 균형, 나쁘게 말하자면 '발목 잡기'의 반복을 통해 권력의 남용을 막는 대가로 비효율이라는 사회적 비용을 지불하는 시스템입니다.

이 지점에서 각자의 가치관에 따른 선택이 필요해집니다. 한없는 비효율은 사회의 성장동력을 해체할 것이고, 반대로 효율과 성과를 중시하는 선택은 민주주의의 뿌리를 약화시킬 것입니다. 이 양극단의 사이 어디쯤에 존재하는 균형의 지점은 어디라고 생각하시나요?

제가 캐나다의 밴쿠버에 1년간 방문교수로 머물렀던 적이 있습니다. 그곳에 어느 건축가가 일생을 바쳐 약 50년에 걸쳐 조금씩 쌓았다는 해안 제방이 있었습니다. 처음 그 얘기를 들었을 때는 '우리나라에서라면 다 쌓는 데 5개월도 안 걸렸을 텐데 엄청나게 느리네' 하고 혀를 찼습니다.

그런데 문득 한국에서 한 달이 멀다 하고 갈아엎는 보도블럭의 풍경들이 생각났습니다. 어차피 지금 깔아 봐야 얼마 못 가 또 바꿀 테니 애써 튼튼하게 만들 필요가 없다고 생각하여 대충대충 까는 보도블럭들. 금방 덜그럭거리고 깨지고 어긋나고, 그래서 또 그걸 핑계로 쉽게 갈아 엎게 됩니다.

50년이 넘게, 한 사람의 평생이 들어간 제방이라면 그리 쉽게 부수자고 말하긴 어렵지 않았을까요? 우리나라의 제방 쌓기는 정말 캐나다의 그것보다 더 효율적이라고 할 수 있을까요?

삼권분립이 18세기에 처음 제시된 이래 200년 넘게 유지되고 있는 것도, 게다가 전 세계의 여러 나라로 확산되어 기본적인 국가 체제의 일부로 보편화된 것도 이 제도가 비효율적일지는 몰라도 민주주의를 지키는 데는 가장 나은 방법이라는 것이 꾸준히 증명되었기 때문일 것입니다.

좀더 크게 보자면 민주주의 역시 그렇습니다. 인간이 함께 모여 사는 사회를 구성하고 운영하는 원칙으로 '가장 좋은 것'은 아닐지 몰라도 수천 년에 걸친 시행착오를 거쳐 도달한 '가장 덜 나쁜 것', 인간이 인간을 존중하려는 안간힘을 최대한 반영한 제도, 그것이 우리의 민주주의입니다.

생각해 볼 문제

Q. 만약 분리된 세 권력들 사이에서 다툼이 발생한다면 어떻게 해결해야 할까요? 어떤 기관의 권한이 가장 우선시되어야 할까요?

Q. 우리나라는 대통령의 권한이 지나치게 강하다는 문제를 제기하는 사람들도 있고, 반면에 국가원수로서 대통령의 권한을 약화시키면 국가를 제대로 이끌어갈 수 없기 때문에 국가 정책이 제대로 집행될 수 없다고 반론을 제기하는 사람들도 있습니다. 여러분의 생각은 어떤가요?

4
헌법, 대한민국을 탄생시키다

 제헌헌법에 대한 몇 가지 오해

영국과 미국의 헌법에 대해 살펴봤으니 이제 우리나라의 헌법을 이야기하려고 합니다.

현재까지 우리나라는 아홉 번의 헌법 개정*을 거쳐서 총 10가지의 헌법이 있었습니다. 그 가운데 맨 처음 만들어진 헌법을 '제헌헌법'이라고 합니다. 제가 제헌헌법에 대해 이야기를 꺼내려고 하면 헌법에 대해 조금 알고 있는 분들은 그거 공부해봐야 무슨 소용이냐고 툴툴거리곤 합니다. 제헌헌법은 해방 직후에 급하게 대충 만든 거라서 별로 의미가 없다면서 말입니다.

> **헌법 개정**
> 헌법 개정이란 헌법에 규정된 개정 절차에 따라 기존의 헌법과 기본적 동일성을 유지하면서 헌법을 고치는 것을 의미한다.

이번 꼭지에서는 사람들이 제헌헌법에 대해 오해하는 세 개의 질문을 정리해서 그 질문에 답을 드리는 식으로 제헌헌법에 대해 설명할까 합니다.

제헌헌법은 며칠 사이에 대충 만들었다?

우리나라가 일본의 압제에서 해방된 것은 1945년 8월 15일이고, 그로부터 3년 동안 미군정의 통치를 받았습니다. 그래서 대한민국 정부 수립일이 1948년 8월 15일이지요. 그런데 국가의 설계도, 뼈대의 역할을 하는 것이 헌법이니까 뒤집어 말하자면 1948년 8월 15일 전까지 어떤 일이 있어도 헌법을 만들어야 하는 상황이었습니다.

헌법이 있어야 대통령도 뽑고 장관도 임명할 수 있으니까 그 시간을 생각하면 적어도 정부 수립 한 달 전까지는 헌법이 만들어져야 했습니다. 그래서 8월 15일에서 약 한 달 전인 7월 17일이 제헌헌법이 효력을 발휘하기 시작한 제헌절이 된 것입니다.

사실 36년간이나 일본의 지배를 받다가 갑자기 해방을 맞이한 상황에서 새로운 나라를 만드는 데 주어진 3년은 꽤 짧은 시간이었습니다. 게다가 해방 직후에 좌익과 우익 등 다양한 정치 세력들로 나뉘어 극심한 대립이 이어졌습니다. 심지어 좌익 세력들이 지금 이라크나 시리아에서 종종 일어나는 테러처럼 관공서를 습격하거나 소요를 일으키는 일도 있었습니다. 그래서 마지막 시한인 1948년까지도 합의에 이르지 못하고 지지부진한 상황이었지요.

더 이상 시간을 늦출 수가 없어서 우선 헌법을 만들 대표자인 제헌의

원을 뽑는 선거가 1948년 5월 10일에 이루어졌고, 결과를 집계하고 당선자들에게 통보해서 다 함께 모이는 것은 5월 마지막 날인 31일에야 가능했습니다.

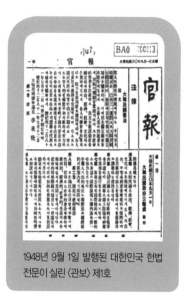

1948년 9월 1일 발행된 대한민국 헌법 전문이 실린 〈관보〉 제1호

제헌절은 7월 17일이지만 이건 헌법을 공포한 날이고 제헌의회 본회의에서 통과된 날은 6월 23일이니 한 달도 안 되는 사이에 제헌헌법 103조가 만들어진 것입니다. 제헌헌법이 급하게 만들어졌다는 비판은 이런 이유 때문에 제기되지요.

하지만 그 23일이라는 시간은 제헌의원들이 헌법을 손질하는 데 들어간 시간일 뿐 실제로 우리 헌법은 그보다 훨씬 오랜 시간에 걸쳐 만들어졌습니다. 시간을 거슬러 올라가면 1919년 3.1운동이 그 시작이었다고 할 수 있지요.

독립운동가들은 온 나라의 민중이 일어나서 나라를 되찾겠다는 의지를 부르짖은 그 함성의 힘으로 우리도 민주국가를 만들 수 있다는 확신을 얻었습니다. 그들은 바로 한 달 뒤인 4월 11일에 상하이에 대한민국 임시정부를 수립하고 임시헌장 10개조를 채택했습니다.

그 첫 번째 조항이 바로 현재 우리 헌법에까지 꾸준히 이어지고 있는 "제1조 대한민국은 민주공화제로 함"이었습니다. 그리고 1945년 해방 때까지 다섯 차례나 개헌을 거치면서 꾸준히 내용과 체제를 다듬었습니다.

1948년에 만들어진 제헌헌법의 초안을 잡은 사람은 유진오 교수입니다. 이미 임시정부를 통해 꾸준히 다듬어지고 정통성을 면면히 이어온 헌법이 존재했기 때문에 그 내용을 대부분 이어받아서 초안을 만들었습니다.

정리하면 대한민국이 1948년에 처음 만들어진 것이 아니라 1919년부터 시작된 임시정부의 법통을 이은 것처럼, 제헌헌법도 겨우 23일 만에 만들어진 것이 아니고 1919년부터 1948년까지 자그마치 30년 동안 시행되고 고치며 갈고닦아 만들어진 작품인 것입니다.

신중한 토론과 합의를 통해 만들어진 헌법이라며 미국이 세계에 자랑하고 있는 미합중국 헌법이 필라델피아 제헌회의에서 채 넉 달이 안 되는 기간 동안 만들어졌습니다. 그렇게 보면 우리 제헌헌법이 만들어진 과정은 자부심을 가질 만하지 않나요? 며칠 사이 대충이라니, 절대로 그렇지 않습니다.

🖋 급해서 다른 나라 헌법을 베꼈다?

이 얘기도 일부분의 진실과 상당 부분의 오해를 담고 있습니다. 앞서 1919년 4월에 상해 임시정부가 만들어지면서 임시정부 헌법이 처음 공포되었다고 했습니다.

3.1운동의 열기를 이어 민주공화국을 지향하는 독립 의지를 천명하려고 서두르다 보니 세세한 조항들을 만들 여유가 없기도 했습니다. 무엇보다 당시 우리에게는 공화국, 헌법이라는 말 자체가 생소할 정도로 경험이 없었기 때문에 다른 나라의 사례를 참고하는 것은 당연한 일이었

습니다.

　임시정부 헌법 역시 이보다 앞선 1912년에 만들어진 중화민국 헌법을 참고해서 만들어졌지요. 가장 최근에 만들어진 헌법이기도 하고 상해 임시정부가 중화민국의 영역 안에 있었으니 아마 가장 쉽게 접할 수 있는 헌법이기도 했을 것입니다.

　그렇게 시작된 임시정부 헌법은 그 후 해방이 되는 1945년까지 약 30년에 걸쳐 자체적으로 5차 개정 작업을 했습니다. 그러면서 점차 우리의 상황에 맞는 독자적인 내용들을 추가했습니다.

　대표적인 것은 임시정부에서 활동하던 조용은 선생이 주창하신 삼균주의(三均主義)로, 이 내용은 헌법의 뼈대를 이루게 되었습니다.

　삼균주의는 새로운 나라에 필요한 세 가지 균등, 즉 교육에서의 균등, 정치에서의 균등, 경제에서의 균등을 가리킵니다. 교육에서의 균등은 의무교육 제도로 이어지면서 세계적으로도 자랑할 만한 높은 수준의 교육 기반을 이루었습니다. 정치에서의 균등은 모든 사람에게 정치적 권리를

+ 더 알아보기　민주공화국이란?

　　　주권이 국민 전체에 있는 공화국. 군주국에 대립되는 개념이다. 주권이 국민에게 있고 국민이 선출한 대표자가 국민의 권리와 이익을 위하여 국정을 운영하며, 국가의 대표가 국민의 직접 또는 간접선거에 의하여 선출되고 일정한 임기에 의해 교체되는 국가를 말한다.

　　민주공화국은 권력의 기초로서 국민주권의 원리, 정치적 이데올로기로서 자유민주주의, 권력 구조면에서 권력분립주의, 의회주의와 법치주의에 의한 정치과정의 통제 등을 특징으로 한다. 한국의 헌법은 "대한민국은 민주공화국이다"(제1조 제1항)라고 규정하고 있다.

보장하는 보통선거 제도로, 경제에서의 균등은 정의로운 경제 체제를 위한 국가 개입의 근거로 작동하게 되었습니다.

제헌헌법 초안을 만든 유진오 교수는 일본, 미국, 프랑스, 중화민국, 필리핀, 오스트리아 등의 헌법들을 모두 참고했다고 합니다. 더 좋은 헌법을 만들기 위해 앞선 경험을 가진 헌법들을 다양하게 참고한 것은 부끄러운 일이 아니라 오히려 좋은 일이 아닐까요?

특히 당시로서는 인권 보장을 위한 최신의 사상과 제도를 담고 있던 독일 바이마르 헌법을 참고한 것은 우리나라가 세계적으로도 이른 시기에 노동삼권, 최저임금, 생존권 등을 헌법에 포함하게 되는 결실로 이어졌습니다.

근대화·민주화 과정에서 서구의 많은 국가들이 이런 제도들을 만드는 데 길게는 100년이 넘도록 갈등과 희생을 겪어야 했다는 점을 생각해 보면, 빠르게 민주국가의 기틀을 닦는 데 제헌헌법이 얼마나 큰 역할을 했는지 알 수 있습니다.

✎ 사람들은 헌법이 뭔지도 몰랐다?

이거야말로 가장 말도 안 되는 오해입니다. 해방 직후 모두가 힘들고 혼란한 시절이었던 것은 사실입니다. 하지만 내가 그 시대에 살았다고 상상해 보세요.

36년간이나 일본의 억압을 받고 살다가 어느 날 갑자기 일본이 패전을 선언하고 우리나라가 해방되었다는 소식을 들었습니다. 일본 사람들이 물러가는 것을 보고 만세도 불러보지만 정작 우리들만의 '새로운 나라'가 생긴다는 소식은 몇 년을 기다려도 들리지 않습니다.

새로운 나라를 만들려면 그 설계도인 헌법이 먼저 만들어져야 한다는데 미군정의 마지막 해인 1948년이 되어도 헌법은 모습을 드러내지 않고, 이러다 미군정이 연장되어서 나라를 되찾지 못하는 것이 아닌가 하는 조바심이 납니다. 그 무렵, 드디어 헌법을 만드는 제헌의원을 뽑는다는 소식을 들었다면 얼마나 반갑고 기대가 되었을까요.

당시 좌익세력들은 어떻게든 이 선거를 방해하려고 온갖 수단을 동원하다가 1948년 2월에는 무장투쟁까지 벌였습니다. 당시 이 소요 사태로 죽은 사람이 452명, 기관 습격이 351건, 방화 416건, 기관차 파괴 71건, 총기 탈취 120건 등이 있었으니 거의 전쟁 같은 상황이었습니다. 괜히 투표하러 갔다가 이런 투표소 습격 사건이라도 벌어지면 목숨이 위험할 수도 있는 긴박한 상태였던 것입니다.

교통과 통신도 불편해서 투표소까지 몇십 리를 걸어가야 하는 일이 다반사였습니다. 심지어 지금과 달리 투표인 등록을 하러 한 번, 다시 투표하러 한 번, 이렇게 두 번이나 왕복해야 겨우 한 표를 행사할 수 있는 번거로운 상황이었습니다.

이렇게 힘들게 치러진 5.10제헌의원 선거의 전국 투표율이 얼마 정도나 됐을까요? 자그마치 95.5퍼센트였습니다! 그나마도 혼란이 가장 심해서 치안이 불안한 상태였던 제주도가 86.6퍼센트를 기록해서 전국 평균이 이렇게 내려간 것이지 사실상 투표권을 가졌던 784만 871명이 거의 다 투표에 참여한 것이나 마찬가지였습니다.

이 수치가 얼마나 대단한 것인지는 역대 국회의원 선거 투표율을 비교해 보면 더 명확히 알 수 있습니다. 다음 그래프에서 보이듯이 첫 번째 투표였던 제헌의원 선거의 투표율이 역대 최고 수준이었고, 그 이후

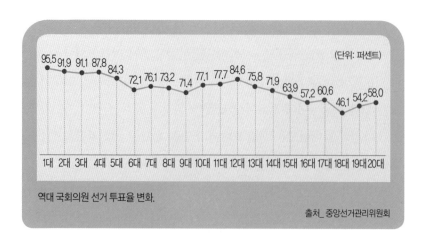

(단위: 퍼센트)

95.5 91.9 91.1 87.8 84.3 72.1 76.1 73.2 71.4 77.1 77.7 84.6 75.8 71.9 63.9 57.2 60.6 46.1 54.2 58.0

1대 2대 3대 4대 5대 6대 7대 8대 9대 10대 11대 12대 13대 14대 15대 16대 17대 18대 19대 20대

역대 국회의원 선거 투표율 변화.

출처_ 중앙선거관리위원회

로 계속 투표율은 낮아지고 있습니다. 최근 국회의원 선거 투표율은 겨우 60퍼센트대를 오가는 수준이지요. 그렇게 힘든 시절에도 우리 국민은 대한민국을 바로 세우겠다는 열망으로 정치에, 헌법에 깊은 관심을 가지고 참여했던 것입니다.

헌법에 대한 당시 사람들의 관심은 교과서에서도 확인할 수 있습니다. 헌법이 만들어진 해인 1948년 12월에 만들어진 최초의 중등 사회 교과서 중에는 아예 과목명을 『법제』라고 붙인 경우가 있었습니다. 요즘 고등학교 심화 과정에서 배우는 『정치와 법』 과목의 원조라고 할 수 있지요.

지금의 교과서에는 여러 법의 내용과 원칙들이 골고루 담겨 있지만 당시 교과서 『법제』에는 그 전체가 새로 만들어진 헌법에 대한 설명으로 채워져 있었습니다. 헌법에 대해 알고 배우고 싶었던, 그래서 드디어 세워진 우리의 나라 '대한민국'의 실체를 느끼고 싶었던 많은 사람들의 요구가 반영된 결과가 아닐까요.

이렇게 오랜 시간, 많은 사람들의 노력과 관심 속에 탄생한 헌법은 우

법원전시관에 찾아가보자!

　　서울 서초역에 있는 법원전시관은 법과 사법제도, 그리고 법원을 보다 쉽게 이해하고 즐겁게 체험할 수 있는 공간이다. 다양한 역사적 유물과 첨단 체험시설을 갖추고 있다. 자라나는 어린이와 청소년을 위한 훌륭한 법 문화 교육 공간이자 성인을 위한 편안한 휴식 공간이기도 하다. 사법부의 역사와 법원의 기능, 법률의 의미와 중요성 등에 대해 학생 및 일반 대중이 지식을 습득하고 체험해 볼 수 있다.

리나라의 뼈대를 세우고 나아갈 바를 밝히는 지도로서 엄청난 역할을 담당하게 됩니다. 누구에게도 당당하게 자랑할 수 있는 민주공화국 '대한민국'의 힘찬 출발이었습니다.

생각해 볼 문제

Q. 우리나라의 헌법은 왜 제1조 제1항을 "대한민국은 민주공화국이다"로 정했을까요?

Q. 1987년 6월 항쟁 이후 개정된 헌법을 바탕으로 민주주의 공고화 과정을 거치고 있는 대한민국에서 왜 국회의원 투표율은 점점 낮아지고 있는 걸까요? 원인과 해결책을 생각해 봅시다.

5
우리나라 헌법은
어떻게 바뀌어왔나?

✎ 1차 발췌 개헌과 2차 사사오입 개헌

앞서 헌법을 바탕으로 한 정치 체제를 의미하는 '입헌주의'의 성립과 발전은 곧 민주주의의 발전과 같은 의미라고 한 것을 기억하나요? 같은 맥락에서 우리나라 민주주의의 발전 과정을 보려면 우리 헌법이 어떻게 바뀌어왔는지를 살펴보면 될 것입니다.

우리나라의 헌법은 지금까지 아홉 차례 개정되었습니다. 그래서 현행 헌법은 10차 헌법이라고 불러야 할 것 같지만, 1948년에 만들어진 헌법을 1차 헌법이라고 하지 않고 제헌헌법이라고 부르고, 두 번째 헌법을 1차 개정헌법이라고 하기 때문에 현행 헌법은 9차 개정헌법이라고 부릅니다.

제헌헌법은 임시정부 헌법에 수십 년간의 경험을 녹여 만들어졌습니다. 하지만 해방 후의 혼란, 그리고 미군정 3년의 마지막 시점인 1948년 8월 15일을 넘기면 안 된다는 시간적 제한에 쫓긴 점도 분명히 있기 때문에 나라가 안정을 찾으면 좀더 차분한 논의를 통해서 수정할 필요가 있다고 생각하는 사람들도 있었습니다.

하지만 정부 수립 후 겨우 2년 만에 벌어진 1950년 6.25전쟁으로 나라 전체가 아수라장이 되어 개헌은 엄두도 내지 못할 상황이 되었습니다. 그런데 엉뚱하게도 첫 번째 개헌은 전쟁 중인 1952년, 임시 수도 부산에서 벌어지게 됩니다.

임시정부 헌법이 의원내각제*를 바탕으로 하고 있었기 때문에 제헌헌법에서도 의원내각제로 모든 제도를 구성하려 했는데 막판에 개헌 작업을 이끌던 이승만이 미국처럼 대통령제로 해야 한다고 강력하게 주장하는 바람에 대통령제로 급선회하게 되었습니다. 그래도 여전히 의원내각제의 흔적이 남아 어색하게도 대통령을 국회의원들의 투표로 뽑게 되었고 이승만은 이를 통해 또다른 대통령 후보였던 김구를 큰 표 차이로 누르고 초대 대통령이 되었습니다.

하지만 전쟁 직전인 1950년 5월 30일에 있었던 선거에서 이승만에 반대하는 국회의원들이 다수 선출되자 다음 대통령 선거에서는 이승만의 당선이 어려워졌지요. 그래서 이승만은 대통령 직선제 개헌안을 내놓았는데 이 안은 압도적인 표차로 부결됩니다. 전쟁 중이라서 전국 단위의 대통령 선거가 불가능한 상황이고, 군과 경찰이 국가 전체를 장악하고 있는 상황이라 관권 선거가 벌어질 가능성이 높다고 판단했기 때문이었습니다. 그러면서 아예 원래 제헌헌법의 계획대로 내각책임제로 개헌을 하자는 안을 내놓았습니다.

부산 피난국회에 출석해 개헌안 통과 연설 중인 이승만 전 대통령의 모습.

그러자 이승만 측에서는 부산에 계엄령*을 선포하고 출근하는 국회의
원들을 납치하고, 간첩 혐의를 씌워 체포하는 등 '부산 정치 파동'이라는
사태를 일으켜 정치 폭력을 자행했습니다. 그러고는 이미 부결된 직선제
개헌안과 새로 제시된 내각책임제 개헌안을 부분적으로 뽑아 만든 이른
바 '발췌 개헌안'을 내놓습니다.

말이 발췌 개헌안이지 대통령직선제를 다시 집어넣은 내용이었는데
이미 부결된 내용은 다시 투표에 붙일 수 없다는 일사부재의의 원칙도
어겼을 뿐 아니라 국회의원들을 협박하고 반대하는 사람들을 색출해 내
기 위해 기립표결*을 시키기도 했습니다. 개헌안 공고 기간 30일도 지키
지 않았다는 점에서 여러 모로 잘못된 개헌이라고 할 수 있습니다.

안타깝게도 두 번째 개헌도 정권 연장의 도구로 악용됩니다. 제헌헌법
은 미국 헌법의 영향으로 대통령을 두 번까지 할 수 있도록 되어 있었습

니다. 그런데 집권을 연장하고 싶었던 이승만은 초대 대통령에 한해 계속 대통령을 할 수 있도록 헌법을 다시 고치고 싶어 했습니다.

수단과 방법을 가리지 않고 국회의원들을 회유하고 개헌안을 만들어 표결에 붙였으나 재적 203명 중 135명만이 찬성표를 던졌습니다. 개헌안이 통과되려면 재적 3분의 2가 찬성해야 하는데 135명으로는 딱 한 표가 부족해서 부결이 선언되었습니다.

하지만 이승만 측에서는 수학적으로 반올림을 하자면 135.33에서 소숫점 이하는 버려야 하므로 정족수는 135명으로 충분하다며 결정을 번복하고 가결된 것으로 선언하는 동의안을 통과시켜 버립니다. 이것이 반올림을 의미하는 이른바 '사사오입 개헌'입니다. 헌법 규정을 자신들의 이익에 따라 멋대로 해석한 위헌적인 헌법 개정이었습니다.

계엄령

전시나 사변 또는 이에 준하는 국가 비상사태 시에 법률이 정하는 바에 따라 헌법 일부의 효력을 일시 중지하고 군사권을 발동하여 치안을 유지할 수 있는 국가긴급권의 하나. 대통령의 고유 권한이다.

기립표결

자리에 일어서서 표결하는 방식.

🖊 4.19혁명의 유산, 3차·4차 개헌

이승만의 이러한 권력욕과 무리한 행동들은 1960년 3.15부정선거에서 절정에 달했고 결국 파국을 맞이하게 됩니다. 부정선거를 규탄하는 시위에 참여한 사람들이 경찰의 발포로 사망하는 사태가 일어났고, 사망 사건을 숨기려고 바다에 던져졌던 고등학생 김주열 군의 시신이 해안가에 떠오른 것이 언론을 통해 전국적으로 알려졌습니다.

이를 계기로 나라 전체가 민주화 시위의 열기로 휩싸이게 됩니다. 이

것이 대한민국 역사상 최초의 시민혁명이라고 일컬어지는 4.19혁명으로 이어집니다. 185명의 사망자와 수천 명의 부상자가 발생할 정도로 격렬했던 4.19혁명 결과 이승만은 대통령 자리에서 물러나게 되었습니다.

이어서 새로운 정부가 구성되어 1960년 6월에 4.19혁명의 정신을 체계화한 3차 개헌을 하게 됩니다. 임시정부 헌법의 원래 구상대로 의원내각제를 택하고, 기본권의 본질적 내용을 훼손할 수 없다는 내용을 명문화하는 한편 선거부정을 막기 위해 중앙선거관리위원회를 만들고, 경찰의 중립성을 보장하는 등 실질적인 민주주의를 구현하기 위한 내용들이 다수 포함되었습니다. 앞서 살펴본 마버리 사건에서처럼 위헌법률심판의 내용도 담았지요.

한편으로 너무나 큰 희생자를 낳은 4.19혁명 진압 책임자들에 대해 제대로 처벌이 이루어지지 않는다는 불만이 커졌습니다. 법에는 행위가 일어난 시점보다 나중에 만들어진 법으로 이 행위를 처벌할 수는 없다는 '법률불소급의 원칙'이라는 게 있습니다.

예를 들어 지금은 껌을 씹는 것이 아무런 문제가 되지 않아서 누구나 껌을 씹을 수 있는데 나중에 어떤 이유 때문에 껌을 씹으면 처벌한다는 법이 생겼다고 해서 작년에 껌을 씹었던 사람들을 처벌할 수 없는 것입니다. 만일 그렇게 된다면 사회 분위기가 불안해지겠지요. 그래서 법이 만들어진 이후의 행위들에 대해서만 처벌할 수 있게 한 것입니다.

하지만 4.19혁명처럼 행위 시점에는 법이 있어도 처벌할 수 없거나, 아예 처벌할 수 있는 법이 없는 상태라면 따로 법을 만들어서 예외적으로 처벌할 수 있도록 하는데 이렇게 만든 법을 '특별법'이라고 합니다. 4차 개헌은 바로 이 4.19혁명 진압 관련자 처벌을 위한 특별법의 근거를 만들기 위한 개헌이었기 때문에 '소급입법개헌'이라고 부르기도 합니다.

🖋 박정희 정권의 5차·6차·7차 개헌

많은 희생이 따랐던 4.19혁명이 결실을 맺기도 전에 이듬해인 1961년 5월 박정희 소장이 이끄는 군인들이 무력을 앞세워 정부를 전복시킨 5.16쿠데타가 일어납니다.

혼란스러운 과정을 거쳐 1962년 12월 5차 개헌이 이루어졌습니다. 의원내각제, 양원제◆를 폐지하고 다시 대통령제, 단원제◆로 회귀했을 뿐 아니라 헌법상의 개정 절차를 따르지 않고 국가비상조치법 규정에 의한 국민투표로 개정했다는 점에서 절차상으로도 위헌의 소지가 있는 개헌이었습니다.

더 큰 문제는 6차 개헌이었습니다. 쿠데타 후 대통령이 된 박정희는 두 번의 임기 후에도 계속 대통령직을 맡을 수 있도록 세 번 연임을 허용하는 개헌을 시도합니다. 앞서 이승만 대통령이 사사오입 개헌을 했을 때와 같은 의도였지요.

야당과 국민들의 대대적인 저항에 직면했지만 이에 아랑곳하지 않고, 1969년 9월 14일 새벽 본회의장도 아닌 국회 특별회의실에 개헌에 찬성하는 여당 의원들만 모여 있는 상태에서 기습적으로 개헌안을 처리해 버립니다.

하지만 이 과정에서 국민들의 저항에 부딪친 박정희 정권은 더욱 심각한 무리수를 던지게 됩니다. 이것이 우리 헌정 사상 최악의 개헌이라고 불리는 1972년의 7차 개헌, 이른바 유신헌법의 등장입니다.

민주적 절차는 완전히 무시하고 국가긴급권을 발

양원제

이원제라고도 불리는 양원제는 의회가 2개의 합의체(다수의 제1원, 소수의 제2원)로 구성된다. 원칙적으로 각 합의체가 각각 독립하여 결정한 의사가 일치하는 경우에 그것을 의회의 의사로 간주하는 의회제도이다.

단원제

양원제에 상대되는 개념으로 의회가 하나의 합의체로 구성되는 의회제도를 말한다.

3선 개헌에 반대하는 학생운동 세력과 탄압 세력의 대치 모습.

동하여 전국에 비상계엄령을 선포한 뒤, 국회를 해산하고 정치 활동
을 금지한 가운데 이루어진 개헌으로 사실상 쿠데타나 마찬가지인
폭거였습니다.

유신헌법에서는 국민의 기본권을 마음대로 제한할 수 있도록 하고 대
통령을 통일주체국민회의에 속한 소수의 사람들이 간접선거로 뽑게 하
는 한편, 대통령 임기를 6년으로 늘리고 중임 제한 규정을 삭제해 버렸
습니다.

게다가 국회의원도 정권의 입맛대로 뽑고, 법관의 임명과 파면도 대통
령이 마음대로 할 수 있게 하여 삼권분립이라는 민주주의의 기본 원칙
마저 무너뜨렸습니다. 이는 본격적인 독재정권으로의 문을 연 개헌이었
습니다.

🖊 8차 개헌과 6월 민주항쟁

1979년 10월 26일 박정희 대통령이 암살당하는 사건이 발생하자 정국은 다시 요동치기 시작했습니다. 드디어 어둠이 걷히고 민주주의가 찾아오는가 싶더니 다시 군인들이 나섰습니다. 결국 12.12쿠데타를 거쳐 5.18광주민주항쟁의 비극을 낳은 전두환 정권이 탄생하게 되었습니다. 그 과정에서 1980년 10월 8차 개헌이 이루어졌습니다.

정권의 입맛에 맞는 사람들을 체육관에 모아놓고 하나 마나 한 투표를 통해 대통령을 뽑는 이른바 '체육관 대통령' 제도인 대통령 간선제는 그대로 유지되었고 대통령의 임기는 7년으로 더 늘었습니다. 다만 대통령을 한 번만 하도록 하는 단임제가 처음으로 도입되었습니다.

그러나 민주화에 대한 국민들의 열망은 꺾이지 않았습니다. 어두운 시기에 목숨을 걸고 많은 사람들이 민주주의의 회복을 위해 노력했습니다.

마침내 대통령 선거가 예정되었던 1987년 6월, 더 이상 체육관 대통령이 아닌 국민의 손으로 직접 대통령을 뽑아야 한다는 직선제 개헌을 주장하는 사람들의 함성이 폭발했습니다. 이것이 6월 민주항쟁입니다.

시위를 폭력적으로 진압하는 바람에 많은 사람들이 다치고 목숨마저 잃기도 했으나 거세게 터져 나오는 민주화에 대한 국민적 요구를 전두환 정권은 감당할 수 없었습니다. 결국 백기를 들고 직선제 개헌을 수용하기로 합니다. 그 결과 1987년 10월에 탄생한 것이 바로 지금까지 우리 사회의 기둥이자 대들보 역할을 하고 있는 9차 개정 헌법입니다.

이 헌법에는 국민들의 가장 큰 요구사항이었던 대통령 직선제와 함께 임기를 5년으로 하고 한 번만 할 수 있도록 하는 5년 단임제를 규정했

헌법 개정 절차

　　헌법은 국가 전체의 뼈대와 같은 역할을 하기 때문에 자주 바뀌면 여러 가지 문제가 발생할 수 있다. 그래서 개정 절차를 까다롭게 규정해 놓는 경우가 많다.

　　법률의 개정 절차보다 더 어렵게 만들어서 개정이 힘들도록 한 헌법의 경우 딱딱할 경(硬)을 붙여서 경성 헌법이라고 하고 법률과 같은 절차로 개정할 수 있으면 연성 헌법이라고 한다. 우리나라의 헌법 개정은 다음과 같은 절차를 통해 이루어진다.

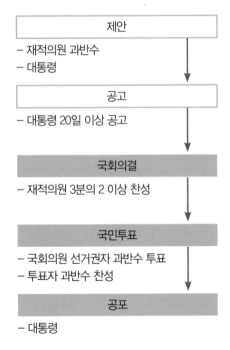

제안
- 재적의원 과반수
- 대통령

공고
- 대통령 20일 이상 공고

국회의결
- 재적의원 3분의 2 이상 찬성

국민투표
- 국회의원 선거권자 과반수 투표
- 투표자 과반수 찬성

공포
- 대통령

출처_ 국회 홈페이지

습니다. 또한 현재까지 우리 사회의 첨예한 갈등을 조율하는 데 큰 역할을 하고 있는 헌법재판소를 설치하는 내용 등을 담고 있습니다.

🖋 대한민국 헌법이 자주 바뀐 이유

지금까지 우리 헌법의 9차에 걸친 개정 과정을 숨 가쁘게 살펴봤습니다. 다소 복잡하더라도 신경 써서 전체 과정을 한번 기억해 두면 우리나라의 현대사를 이해하는 데 좋은 길잡이가 되리라고 생각합니다. 헌법이 나라의 뼈대라면서 뼈대를 너무 자주 바꾼 것 아닌가 싶기도 하겠지만 말입니다.

70년 동안 10개의 헌법이라니 좀 많은 것 같기도 하죠? 미국 헌법은 1787년 제정 이래 230년이 넘도록 한 번도 바뀌지 않았고 우리와 비슷한 시기인 1946년에 만들어진 일본의 헌법도 지금까지 한 번도 바뀌지 않았으니까요. 하지만 몇 번 바뀌었는지보다도 왜 바뀌었는지 혹은 왜 바뀌지 않았는지 그 사정을 이해하는 것이 더 중요합니다.

미국은 50개 주의 연합체인 연방국가이기 때문에 헌법을 새로 만드는 것이 어렵습니다. 자칫하면 연방 분열이라는 사태로 이어질 수도 있기 때문입니다. 그래서 새로 헌법을 만들기보다는 부가 조항을 만들어서 뒤에 덧붙이는 식으로 수정하는데 이걸 '수정헌법(Amendment)'이라고 부릅니다. 1789년에 헌법이 발효된 이후 추가된 수정헌법 조항이 지금까지 27개니까 미국 헌법이 바뀌지 않았다고 볼 수는 없지요.

일본에서는 헌법이 판도라의 상자 같은 것이라서 수정 논의 자체를 기피하는 편입니다. 1946년 제2차 세계대전 패전 후에 만든 헌법 제9조에 일본은 이후 군대를 보유하지 않고 전쟁도 하지 않겠다는 내용이 있습니다. 이 때문에 '평화헌법'이라고도 불리는데 일본의 우익세력들은 틈만 나면 이 조항을 없애야 한다고 주장하고 있습니다.

그래서 '개헌'이라고 하면 모든 사람들이 곧바로 제9조를 떠올리게 되었고, 제9조를 없앤다는 것은 일본이 제2차 세계대전 이전의 군국주의 국가로 돌아가는 것을 연상하게 되어 헌법 개정 논의 자체가 위험한 측면이 있는 것입니다.

연방 정부의 권한이 크지 않아 연방헌법의 중요성도 그다지 크지 않은 독일은 1949년 이후 거의 매년 개헌을 해서 57차례나 헌법을 바꾸었고, 스위스도 현재까지 약 150여 차례 헌법을 바꾸었습니다. 이렇듯 얼마나 자주 바뀌었는지가 문제가 아니라 어떤 이유로 바뀌었는지가 더 중요한 문제입니다.

그럼 우리 헌법의 역사는 어떻게 평가할 수 있을까요? 지금까지 살펴본 것처럼 아홉 번의 개헌 가운데 정당성을 지니고 있는 개헌은 4.19 이후의 3차·4차 개헌, 그리고 6월 민주항쟁 이후의 9차 개헌, 이렇게 세 번뿐이었습니다. 나머지는 모두 정권 연장, 독재정권 유지라는 목적을 위해 헌법을 악용한 사례였을 뿐이지요.

이를 바꾸어 말하자면 우리 국민들은 끊임없는 독재권력의 억압에도 굴하지 않고 오뚜기처럼 민주주의라는 나무를 다시 세우고 힘을 모아 키워왔다는 뜻입니다. 만약 나쁜 헌법에 굴복해서 그냥 그런가 보다 하고 살았더라면 애초에 헌법을 바꿀 이유가 없었을 테니 말입니다.

그런 의미에서 현행 헌법인 9차 개정헌법은 우리가 세계에 자랑할 만한 헌법입니다. 헌법 내용에 일부 아쉽고 부족한 부분이 있을지언정 국민들의 힘과 뜻을 모아 독재에 저항하여 만들어낸 결과물이니까요.

미국이 200년 넘게 수정 없이 헌법을 사용하고 있는 것, 나아가 영국이 성문화된 헌법이 없이 관습법만으로 선진국이 된 것은 개개의 법들이 담고 있는 내용의 우수성 때문이 아니라 그 법을 지지하고 치열하게 법치와 민주주의를 고민하는 국민들의 믿음이 있기 때문입니다.

9차 개정헌법은 바로 그런 민주적 정당성, 국민 모두의 지지를 받고 탄생한 헌법이기 때문에 정말 소중한 결과물이라고 할 수 있습니다. 8차 개정헌법까지 헌법이 평균 4년 내외의 수명밖에 유지하지 못한 반면 9차 개정헌법이 2019년을 기준으로 30년이 넘는 긴 세월을 견뎌온 것도 이런 강력한 '정당성'의 힘이라고 할 수 있습니다.

나라의 뼈대가 튼튼해지면 절로 힘도 솟구치는 법. 헌법의 안정을 바탕으로 우리나라는 1990년대 이후 눈부신 발전을 이룰 수 있었습니다.

생각해 볼 문제

Q. 많은 희생의 대가로 쟁취한 민주주의의 가치를 제대로 알고 누리고 있나요? 국가의 주인인 한 국민으로서 나의 역할을 생각해 봅시다.

Q. 헌법재판소는 왜 등장하게 된 것일까요? 국가의 발전 및 정부의 역할과 관련지어 생각해 봅시다.

Q. 민주주의와 법치주의는 어떤 관계가 있을까요?

우리나라 최초의 헌법

우리나라 최초의 헌법은 뭘까요?

헌법에서 '헌(憲)'은 원래 명령, 표본, 모범과 같은 의미였습니다. 사람들이 따라야 하는 명령인 동시에 그렇게 해서 만들어지는 하나의 거대한 '틀'이라는 뜻이죠. 그렇게 보자면 틀을 갖춘 사회 집단에는 모두 헌법에 해당하는 규범이 존재하고 있다고 봐야 할 것입니다.

예를 들어 조선시대의 기본적인 국가 체제를 다루고 있는 『경국대전』의 경우 헌법과 같은 역할을 했다고 할 수 있겠죠. 하지만 그렇다고 해서 조선이 법치국가, 입헌국가라고 볼 수 있을까요?

법치는 두 가지 의미로 해석될 수 있습니다. '법을 도구로 이용해서 통치한다'는 의미와 '법이 직접 통치한다'는 의미입니다. 법을 도구로 하는 통치의 의미라면 역사상 거의 모든 국가는 법치를 했다고 볼 수 있습니다. 하지만 근대 시민혁명을 바탕으로 민주주의라는 정치체제를 가능하게 하는 방법으로 인간이 다른 인간을 지배하는 것을 끝내고 대신 지배자의 자리에 법을 세웠음을 의미하는 법치는 그리 오래되지 않았습니다.

결국 이렇게 인간의 통치(인치) 대신 법의 통치(법치)를 받아들이게 된 것은 이를 통해 개개인의 권리를 최대한 보장하려는 의도를 가지고 있습니다. 그러므로 국민의 기본권을 보장하는 것을 목적으로 하는 헌법, 국민의 의사를 정치에 반영하는 제도를 규정하고 있는 헌법이 진정한 의미에서 '최초의 헌법'이라고 할 수 있을 것입니다.

우리나라 최초의 헌법은 왕정이었던 조선을 벗어난 시기에 비로소 등장했습니다. 명칭으로 보자면 1899년 발표된 '대한국 국제'가 헌법의 형태에 가장 가까운 것으로 볼 수 있습니다.

외세에 대항한 자주독립운동이 확대되자 조선에서 대한제국으로 국명을 고치면서 이 법령을 선포했습니다. 여기에는 대한제국의 성립과 자주독립국으로서의 지위를 내외에 알리는 내용을 담고 있습니다. '국제(國制)'는 '나라의 틀을 세우다'라는 뜻으로 헌법과 마찬가지의 의미를 지니고 있기 때문에 이것을 최초의 헌법으로 보는 사람들도 있습니다.

하지만 국가의 틀이라는 측면에서는 대한국 국제가 헌법의 기능을 일부 가지고 있는지만, 국민의 기본권 보장이나 참여 보장과 같은 내용들이 전혀 없이 황제의 절대적인 권한만을 강조하는 내용들로 이루어져 있기 때문에 근대적인 법치의 의미에 맞는 헌법이라고 보기 어렵습니다.

일반적으로 우리나라 최초의 헌법적 성격을 가진 문서로 인정되는 것은 대한국 국제보다 4년 앞서 1895년 발표된 '홍범14조'입니다. 1894년 단행된 갑오개혁의 연장선상에서 국가 체제를 개편하기 위해 만들어져 선포된 이 문서에는 내각제도 도입, 세금을 법에 따라 징수하는 조세법정주의, 법치주의에 의거한 국민의 생명 및 재산권 보호 같은 내용이 담겨 있습니다. 그러므로 근대 입헌주의 국가로 나아가는 발판을 마련한 것으로 평가됩니다.

3장

법은
인권을 향해

1

여성에게 참정권을 보장하라!

서프러제트 운동

✎ 경마장에서 일어난 참변

1913년 6월 4일 영국 런던 남부의 엡섬 경마장은 133년의 역사를 자랑하는 더비 경마로 인산인해를 이루고 있었습니다. 대영제국의 영광이 절정이던 시점, 사람들의 옷차림과 표정에는 여유가 넘쳤고 왕과 왕비도 직접 참관하였습니다. 전통에 따라 왕의 말도 참여하는 오늘의 경마에 대한 기대로 분위기는 흥에 겨워 있었지요.

드디어 시작된 경주. 근육질의 말들이 거친 숨을 몰아쉬며 달리는 장관에 장내의 열기가 끓어오르던 찰나, 한 여성이 돌연 트랙으로 뛰어들었습니다. 이 여성은 질주하던 왕의 말과 충돌했고 여성은 물론 말과 기수도 흙바닥에 나뒹굴면서 경주는 중단되고 말았습니다.

다행히 말과 기수는 가벼운 부상만 입었지만 트랙에 뛰어든 여성은 심한 뇌진탕으로 나흘 후에 숨을 거두었습니다. 그런데 이 불행한 사건에 대한 당시 세간의 반응은 차가움을 넘어 경멸과 분노에 가까웠습니다.

신문에서는 이 일이 '치매에 걸린 불쌍한 여성의 무의미한 죽음'이며 '악명 높은 여성참정권주의자의 범죄'이고 '현장의 모든 이들이 이 여성에게 분노'했으며 심지어 '만약 그녀가 사고를 당하지 않고 살아남았더라면 관중들이 그녀를 죽였을 것'이라고까지 했습니다. 현장에서 사고를 목격한 왕비도 같은 여자 입장이지만 '끔찍한 여자였다'라고 일기장에 기록할 정도였습니다.

이 여성의 이름은 에밀리 데이비슨(Emily Davison)이었습니다. 여성에게도 참정권을 달라는 요구를 내세우는 서프러제트(suffragette) 운동 단체의 일원이었지요.

데이비슨은 이전에도 시위 중에 돌을 던지고 우체통에 불을 지르다가 처벌을 받고 감옥에 가기도 했고 심지어 감옥에서도 단식 투쟁을 하는 등 싸움을 멈추지 않았던 전력을 가지고 있었습니다.

이날도 그녀는 여성참정권 단체인 '여성사회정치동맹'의 깃발을 국왕 소유의 말에 매달아서 여성 참정권을 주장하려고 뛰어들었다가 말과 충돌한 것이었습니다.

도대체 왜 이 여성은 목숨을 버려가면서까지 참정권을 달라고 주장했던 것일까요?

그보다, 애초에 왜 여성들에게는 참정권이 주어지지 않았던 것일까요?

🖋 참정권, 주인의 징표

참정권은 '정치에 참여할 권리'입니다. 정치는 사람들이 함께 모여 살아가는 사회에서 의사 결정을 내리는 과정이죠. 그러니 참정권은 공동체에서 어떤 사람이 다른 사람과 동등한 구성원으로서, 사회의 주인이자 주체로 인정받는지의 여부를 보여주는 징표와 같은 것이라고 할 수 있습니다.

고대 사회에서는 사회 구성원으로서 얼마나 공동체에 기여하는지에 대한 판단을 바탕으로 참정권을 부여하는 것이 원칙이었습니다. 예를 들어 고대 그리스의 아테네는 민주주의의 발상지로 유명하지만 계급 차이에 따라 귀족과 평민의 사회적 역할 구분이 명확했던 기원전 5세기경까지는 다른 나라들처럼 왕정과 귀족정의 형태를 유지했습니다.

하지만 상업과 무역을 통해 중간 계층이 성장하면서 상황이 달라졌습니다. 개인들이 경제력을 바탕으로 스스로 무장하여 보병인 호플리테스(hoplites)로서 전투에 참여하고 이들이 밀집 대형을 이룬 팔랑크스(phalanx)가 핵심적인 전투 병력이 된 것입니다. 그러자 이들은 자신들이 전투의 부담을 지는 만큼 정치적 권리를 달라고 요구하기 시작했습니다.

이에 따라 솔론(Solon)의 개혁, 에피알테스(Ephialtes)의 개혁이 이루어지게 되었습니다. 그 결과 등장한 것이 민회, 그리고 민회를 구성하는 주체로서 시민의 개념입니다.

하지만 이 이야기를 뒤집어 말하자면 호플리테스가 되기 위한 무기와 장비를 구입할 여력이 없는 저소득층은 참정권을 인정받기 어렵다는 의미도 됩니다.

실제로 저소득층까지 시민에 편입된 것은 아테네가 해상 강국이 되면서 노를 저을 수군의 중요성이 부각되고, 저소득층이 별다른 장비 없이 참여할 수 있는 수군으로서 전투에 참여하면서부터였습니다. 그럼에도 불구하고 이런 정도의 기여가 불가능했던 외국인과 노예, 그리고 여성들은 여전히 시민권에서 배제되었습니다.

그리스, 로마 시대를 거쳐 중세에 이르러 강력한 영향력을 행사하던

기독교의 영향으로 여성의 권리는 더욱 위축되었습니다. 모든 공직으로부터 배제되는 것은 물론, 여성은 본래 지성이 제한되어 있고 욕심이 많다는 품성론으로까지 비약하게 됩니다. 이런 근거 없는 차별과 멸시의 비극적인 결과가 바로 앞에서 살펴보았던 마녀사냥이었습니다.

근대에 들어 유럽 전역에 시민혁명의 들불이 번지면서 이참에 여성들의 권리도 찾을 수 있을 것이란 기대가 퍼졌습니다. 하지만 여전히 여성들의 문제는 뒷전이었습니다. 심지어 여성 참정권을 강하게 주장했던 여성운동가 올랭프 드 구즈(Olympe de Gouges)는 '여성으로서의 미덕을 망각한 죄'로 1793년 11월 3일 단두대에서 사형을 당했습니다.

생전에 여성참정권 집회에서 그녀가 한 연설은 마치 자신의 비극적인 운명을 예견하기라도 한 것처럼 메아리칩니다.

"여성이 단두대에 설 수 있다면 연단에도 설 수 있어야 한다!"

🖋 그 여성들은 왜 밧줄로 몸을 묶었나

그 외침은 결코 허공에 흩어져버리지 않고 많은 사람들의 가슴에 남았습니다. 면면히 이어진 여성의 권리에 대한 주장이 여성참정권 운동으로 이어졌고, 세상은 이들을 '서프러제트'라고 불렀습니다.

미국의 서프러제트들은 남북전쟁으로 이어진 노예해방 운동에도 동참했습니다. 그들의 권리가 인정되면 여성들의 권리도 함께 신장될 수 있을 것이라고 믿었기 때문이었습니다. 그러나 전쟁이 북부의 승리로 돌아가 노예해방이 이루어지고도 여전히 여성들의 권리는 외면당했습니다.

여성이 변호사가 되지 못하도록 막아놓은 일리노이주 법에 마이라 브래드웰(Myra Bradwell)이 위헌 소송을 제기했을 때 연방대법원이 1871년에 내놓은 판결문의 일부는 다음과 같습니다.

남성은 여성의 보호자가 되어야 한다. 여성은 그 천성과 허약함 때문에 특정한 직업에는 맞지 않는다. 아내가 남편과 구별되는 직업을 갖는 것은 가족 제도를 파괴한다. 여성의 궁극적인 운명과 임무는 어머니와 아내로서 고귀한 임무를 다하는 것이다. 이것이 창조주의 뜻이다.

+ 더 알아보기　　**영화 〈서프러제트〉**

"여성은 침착하지도 조화롭지도 못해서 정치적 판단이 어렵습니다."
"여성에게 투표권을 주면 사회 구조가 무너집니다."
"남자들이 여성을 대변해 주는데 여성에게 왜 투표권이 필요합니까?"

1900년대 초 여성 참정권을 주장하며 온몸을 던진 영국 여성들의 모습을 그린 영화 〈서프러제트〉는 남성들의 굵은 목소리로 울리는 위의 대사들과 함께 시작된다. 남자들보다 더 많은 일은 해도 임금은 더 적게 받고, 의무와 책임은 짊어지면서 정작 권리는 인정받지 못했던 여성들은 인간으로서 동등한 권리를 요구하는 싸움에 나선다.
에밀리 데이비슨의 장례식 장면으로 끝나는 이 영화의 마지막 내레이션은 다음과 같다.

"발소리가 들려요. 천 개 아니 만 개, 그 이상의 발소리가 이쪽으로 와요. 바로 당신을 따르는 발소리입니다. 앞장서세요."

이성적인 토론과 제도로는 더 이상 해결이 불가능하다고 생각한 서프러제트들은 점차 과격해지기 시작했습니다.

브래드웰 판결이 나온 이듬해인 1872년 11월 2일 여성운동가 수전 앤서니(Susan Anthony)는 3명의 여동생들과 함께 밧줄로 몸을 묶고 유권자 등록 사무실에 들어가 유권자 등록 신청을 했습니다. 밧줄로 몸을 묶은 것은 억지로 끌어낼 경우 쉽게 끌려나가지 않기 위한 절박한 수단이었습니다.

직원들은 등록을 거부했으나 수전은 헌법 조항을 줄줄 읊으며 여성의 권리를 주장하는 한편, 계속 거부하면 손해배상 청구 소송을 걸겠다고 압박했습니다. 마침내 직원은 수전의 서슬에 밀려 등록해 주었고 4일 후 수전은 투표까지 했습니다.

그러나 투표권이 없는 여성이 투표를 했다는 이유로 수전 앤서니는 재판을 받게 되었습니다. 민주주의 국가에서 투표를 한 것이 죄가 되는 기가 막힌 상황이 벌어진 것입니다. 변호를 맡은 헨리 셀든은 "이 사건은 피고인이 단지 여성이라는 이유만으로 형사법정에 선 최초의 사례입니다"라고 분노하기도 했습니다.

수전 앤서니는 처벌을 각오하고 있었기 때문에 오히려 이 기회를 통해 여성참정권 문제를 널리 알리려고 전국을 돌며 연설을 했습니다. 그녀의 주장은 너무나 당연하고 타당한 내용이었습니다.

헌법을 제정한 것은 '우리 미국 국민'이지 '우리 백인 남성'이 아닙니다. 우리가 헌법을 제정한 것은 '우리 국민 절반'의 자유가 아닌 '우리 모두의 자유'를 보장하는 데 있습니다. (……) 투표권은 단순히 시민의 권리 중 하나가 아니라 그것 없이는 다른 모든 권리가 의미 없는, 그러한 권리입니다. 이 권리를 박탈하는 것은 인간을 노예 상태로 떨어뜨리는 것입니다. 노예란 다른 사람의 손에 운명이 결정되는 존재를 말하기 때문입니다.

하지만 이렇게 당연한 주장은 여전히 쉽게 받아들여지지 않았습니다. 여성차별적 시각을 가지고 있던 담당 판사가 수전은 여자이기 때문에 발언할 능력이 없다며 아예 발언 기회를 주지 않았습니다. 심지어 배심원들의 논의조차 금지한 상태에서 직권으로 유죄 판결을 내려버렸습니다.

✎ '내가 죽어도 울지 마세요'

유죄 판결을 받은 수전 앤서니는 벌금 100달러와 재판 비용 전체를 부담해야 했습니다. 하지만 수전은 부당한 판결에 대해 단돈 1달러도 낼 수 없다고 버팁니다. 사실 재판 도중에 언니가 결핵으로 죽고 다른 직업을 구할 수도 없었던 터라 이미 빚더미에 올라 있어 벌금을 낼 형편도 안 되는 상황이었습니다.

결국 그녀는 재판 이후 힘든 삶을 이어가야 했고 1906년 5월 13일 자신의 집에서 사망했습니다. 그녀의 유언은 "장례식에서 절대로 눈물을 흘리지 마세요. 계속해서 우리의 목표를 추진하세요"였습니다.

이 꼭지 앞에 소개한 에밀리 데이비슨의 비극은 이런 깊은 좌절과 분노의 절정에서 벌어진 일이었습니다. 사고로 목숨을 잃은 여성에게 공감과 슬픔 대신 분노로 반응한 이들의 마음속에는 어떤 마음이 있었을까요?

그들은 아마 에밀리 데이비슨을 지금 이대로 살아도 아무 문제가 없는데 굳이 평지풍파를 일으키는 '불평꾼'으로 생각했을 것입니다. '모두가 다 행복한 지금 도대체 왜 세상을 시끄럽고 불편하게 만드는 것일까' 하고 생각했겠지요.

수전 앤서니를 건방진 여성으로 묘사한 1873년 신문 캐리커처.

그로부터 100년이 넘은 지금, 시간과 공간이 다른 이 땅에 사는 우리도 이와 비슷한 반응을 흔히 목격하게 됩니다.

흔히 우리는 '좋은 게 좋다'라고 말합니다. 하지만 그것이 누구에게 좋은 것인지, 혹 누군가에게는 고통을 주고 있는 것은 아닌지 끊임없이 반성하고 고쳐나갈 때 비로소 '좋은 것'이 됩니다.

인류 역사에서 좋은 것, 더 나은 상태는 늘 기존의 것에 집착하는 이들이 아니라 여기에 문제를 제기하고 개선을 촉구하는 위대한 반대자들에 의해 이루어져왔습니다.

법은 그저 있는 그대로 지키도록 우리들에게 주어진 명령이 아닙니다. 법은 인간을 위해 존재하는 것이고 법이 인간을 위해 존재하도록 명령하는 것은 우리의 권리이고 의무입니다.

그러므로 올바른 법이란 무엇인지 끊임없이 고민하고 묻고 문제를 제기해야 합니다. 준법은 그저 있는 법을 지키는 것뿐만이 아니라 법이 올바르게 존재하도록 바로잡는 일까지를 포함하는 적극적인 행위입니다.

미국에서는 1920년 마침내 여성참정권을 규정한 수정헌법 제19조가 승인되었습니다. 수전 앤서니의 재판 후 50여 년, 헌법 수정안 발의 후 46년, 수전이 사망한 지 14년, 미국 헌법 제정 후 130년 만의 일이었습니다.

에밀리 데이비슨이 매달리고 했던 여성참정권의 깃발은 그녀와 함께 쓰러져 경마장의 흙바닥에 뒹굴었습니다. 하지만 100년이 지난 지금 더럽혀지고 찢기고 빛바랜 그 깃발은 가장 영광스러운 자리인 영국 의회에 게시되어 있습니다.

생각해 볼 문제

Q. 여성들에게 참정권이 허용되지 않았던 이유는 무엇이었을까요?

Q. 우리가 미처 느끼지 못하고 있지만 지금도 우리 주위에 이렇게 차별을 받고 있는 사람들이 있지 않을까요? 어떤 사람들의 권리에 좀더 주의를 기울여야 할지 생각해 봅시다.

2
분리된 것은 결코 평등할 수 없다
미국의 흑인차별 철폐

 나는 왜 가까운 학교에 갈 수 없어요?

"아빠, 오늘도 학교에 가려면 한 시간도 넘게 걸려요. 너무 힘들어요."

1951년의 어느 화창한 봄날, 캔자스주 토피카 시에 살고 있는 초등학교 3학년 린다는 오늘도 어김없이 한숨을 내쉬며 아빠와 함께 현관을 나섰습니다.

"아빠, 이 앞에 있는 섬너 초등학교에 다니면 5블록만 걸어가면 되는데 왜 21블록이나 떨어져 있는 먼로 초등학교에 가야 하는 거죠? 한참 걸어가서 또 버스까지 타고 가려면 너무 힘들어요."

"얘야, 섬너는 백인 학교잖니. 우린 흑인이니까 흑인 학교인 먼로에 가야 하는 거 알면서 또 왜 이러니."

"왜 그래야 해요? 흑인과 함께 공부하면 백인들에게 무슨 병균이라도 옮길까 봐 그러나요? 내년이면 셰릴도 초등학교에 입학할 텐데 그럼 어린 셰릴도 이렇게 걸어다녀야 해요?"

동생 셰릴의 이야기가 나오자 아빠도 말문이 막혔습니다. 린다의 동생 셰릴도 이렇게 힘든 등교를 반복해야 한다면 더 이상 이대로 있어서는 안 되겠다는 생각이 들었습니다.

벌써 수백 년에 걸쳐 반복되어온 차별이지만 이제 다음 세대의 아이들에게는 이런 고통을 넘겨주면 안 되는 것이 아닐까 하는 생각에 용접공인 올리버 브라운(Oliver Brown)은 연장 가방의 손잡이를 힘껏 움켜쥐었습니다. 그는 퇴근길에 전미유색인지위향상협회(NAACP) 사무실에 들러 도움을 요청할 생각이었습니다.

✒ 분리되었으나 평등하다?

린다의 고통이 어떻게 시작되었는지 이해하려면 시계를 1951년에서 59년 전인 1892년으로 돌려야 합니다. 1865년에 끝난 남북전쟁의 가장 큰 쟁점 중 하나는 흑인노예의 해방 문제였습니다.

결국 전쟁에서 승리한 북부의 주장대로 전쟁 직후 의회를 통과한 수정헌법 제13조로 노예 해방이 공식화되었습니다. 제14조에서는 흑인을 포함한 모든 시민들이 법 앞에 동등한 보호를 받을 권리를 명시했으며 제15조에서는 동등한 투표권까지 보장하였습니다. 이로써 흑인들은 인간이자 시민으로서 완전한 권리를 보장받게 되는 듯했습니다.

하지만 헌법 조항이 만들어진 이후에도 KKK단을 비롯한 백인우월주

의자들의 테러가 한동안 기승을 부렸고, 과거처럼 광기 어린 폭력까지
는 아니더라도 흑인을 차별하는 사회제도는 여전히 곳곳에 남아 있었습
니다.

특히 루이지애나주에는 기차에서 백인이 타는 칸과 흑인이 타는 칸
을 분리하는 '차량 분리 법령'이라는 악법이 있었습니다.

1892년 호머 플레시(Homer Plessy)라는 흑인은 백인 칸에 탔다가 체
포되어 재판을 받게 되었습니다. 플레시는 흑인 칸을 따로 분리한 것이
법 앞에 동등한 시민권을 보장하도록 한 수정헌법 제14조에 어긋난다고
주장했습니다.

'플레시 대 퍼거슨 사건'으로 불린 이 재판에서 연방대법원은 8대 1의
압도적 찬성으로 흑백분리가 합헌이라고 판결했습니다. 흑인이 사회적

으로 백인보다 열등할 뿐 아니라, 흑인과 백인을 분리했을 뿐 흑인 차량이 더 나쁜 것이 아니라면 평등하게 대우한 것으로 볼 수 있다는 논리였습니다.

'분리되었으나 평등하다(separate but equal)'라는 유명한 표현을 만든 이 판결로 인해 이후 미국 내에서는 기차뿐 아니라 학교, 극장, 화장실, 물을 마시는 수도꼭지까지 백인 전용, 흑인 전용으로 구분하는 것이 일반화되었습니다.

린다가 섬너 초등학교에 갈 수 없었던 것도 이 때문이었습니다. 가까운 섬너 초등학교는 백인 전용 학교였고, 멀리 있는 먼로 초등학교는 흑인 전용 학교였습니다.

아빠인 올리버 브라운은 전미유색인지위향상협회의 도움을 받아 같은 처지의 학부모 12명과 함께 토피카 시 교육위원회를 상대로 소송을 제기했습니다. 역사적인 '브라운 대 토피카 교육위원회' 사건의 막이 오른 것입니다.

🖋 여전히 끝나지 않은 길고 힘든 싸움

하지만 예상대로 쉽지 않은 싸움이었습니다. 캔자스주 지방법원은 앞선 플레시 사건의 판결을 근거로 교육위원회의 손을 들어주었습니다. 통학 거리가 좀 멀어서 불편할 수는 있으나 섬너 초등학교와 먼로 초등학교의 시설, 교육 과정, 교사 수준 등이 비슷하기 때문에 '분리되었으나 평등하다'라고 볼 수 있어 차별이 아니라는 것입니다.

올리버 브라운과 학부모들은 여기에 굴하지 않고 주 고등법원, 주 대법원까지 항소를 거듭했으나 결론은 바뀌지 않았습니다. 사건은 마침내 소송이 시작된 지 3년이나 지난 1954년 연방대법원까지 올라갔습니다.

당시 연방대법원은 얼 워런(Earl Warren) 대법원장을 필두로 많은 대법관들이 인권을 확장하기 위한 진보적인 판결을 쏟아내기 시작하고 있었습니다.

이 사건에서도 대법관들은 흑백분리 정책이 지닌 문제점들을 깊이 인식하고 있었고 마침내 만장일치로 위헌 판결을 내렸습니다. 판결문에서는 '분리되었으나 평등하다'라는 판결이 지닌 문제점을 날카롭게 지적하고 있습니다. 다음은 『미국을 발칵 뒤집은 판결 31』이라는 책에 나오는 판결문의 일부입니다.

학교에서 순전히 인종 때문에 한 그룹의 어린이들을 비슷한 연령대와 자격 조건을 갖춘 다른 어린이들로부터 격리하는 것은 그들의 공동체에서의 지위와 관련해 열등감을 조장하여 도저히 회복할 수 없는 마음의 상처를 줄 수 있다. (……) 이는 인종 간 격리 정책이 보통 흑인들이 열등한 족속이라고 이해되기 때문이다. 열등감은 어린이의 학구열을 감소시킨다. 따라서 법률에 따른 격리는 흑인 어린이들의 교육적, 정신적 발달을 늦추고 인종적으로 융합된 학교 제도에서 받을 수 있는 혜택을 박탈하는 경향이 있는 것이다. (……) 우리는 공교육에서 '격리하되 동등하게'라는 정책은 설 자리가 없다고 결론짓는다. 격리된 교육 시설은 근본적으로 동등할 수가 없다.

이 재판을 '길고 힘든 싸움'이라고 표현한 것은 판결이 나오는 데 3년이나 걸렸기 때문만은 아닙니다. 우리는 흔히 법이 만들어지고 판결이

나오면 그 자체로 강력한 힘을 발휘해서 금세 세상이 바뀌게 될 거라고 생각합니다. 하지만 실제로 그런 급격한 변화는 잘 일어나지 않거나 끝내 아무것도 바뀌지 않는 경우도 있습니다.

연방대법원의 판결 이후 미국 사회가 보인 첫 번째 반응은 흑백 통합학교를 만든다면 백인 학생들을 따로 빼내어 자기들끼리 따로 수업을 하고 졸업식도 따로 하겠다는 것이었습니다.

심지어 1957년에는 아칸소 주지사가 백인 고등학교에 등교하려는 흑인 학생들을 막기 위해 주 방위군을 동원하는 엄청난 사태가 일어났습니다. 이에 맞서 아이젠하워 대통령이 미 육군 공수부대를 투입하면서 학생을 등교시키기 위해 군대와 군대가 맞붙는 일촉즉발의 상황까지 벌어지게 되었습니다.

진짜 변화는 법과 판결 그 자체로부터가 아니라 언제나 그랬듯이 시민들의 힘으로 시작되었습니다. 브라운 판결로 자신들의 주장이 옳다는 것을 확신하게 된 흑인과 이들을 지지하는 사람들은 1년 후인 1955년, 백인 좌석에 앉았다는 이유로 체포된 로자 파크스(Rosa Parks) 사건을 계기로 미 전역을 휩쓴 흑인 민권운동의 횃불을 피워 올렸습니다.

이 과정에서 운동을 이끈 대표적인 인권운동가 중 한 명이 바로 마틴 루터 킹(Martin Luther King) 목사입니다. 1963년 흑인차별을 철폐하는 법의 제정을 요구하며 전국에서 25만 명이나 되는 사람들이 모인 워싱턴 대행진이 있었습니다. 이때 마틴 루터 킹 목사가 많은 사람들의 심금을 울린 '나에게는 꿈이 있습니다(I have a dream.)'라는 제목의 유명한 연설을 했지요.

(……) 나에게는 꿈이 있습니다. 언젠가 이 나라가 모든 인간은 평등하

게 태어났다는 것을 자명한 진실로 받아들이고, 그 진정한 의미를 신조로 살아가게 되는 날이 오리라는 꿈입니다. 언젠가는 조지아의 붉은 언덕 위에 예전에 노예였던 부모의 자식과 그 노예의 주인이었던 부모의 자식들이 형제애의 식탁에 함께 둘러앉는 날이 오리라는 꿈입니다.

이런 노력들이 모여 마침내 1964년 린든 존슨 대통령의 주도로 어떤 형태의 차별도 금지하는 민권법(Civil Rights Act)이 제정되었습니다.

민권법이 제정된 지 50년이 넘게 지난 지금까지도 흑인이 미국 사회에서 완전히 평등한 지위를 보장받고 있는가에 대해서는 의문의 여지가 있습니다.

백인 경찰관들이 무방비 상태의 흑인들을 사살하고도 무죄로 풀려난 것에 분노한 군중들이 소요를 일으킨 '흑인의 생명도 중요하다(Black Lives Matter, BLM)' 운동만 봐도 그렇습니다. 이 운동은 2012년 촉발되어 현재까지도 간헐적으로 시위가 이어지고 있습니다. 길고 힘든 싸움은 여전히 끝나지 않은 것입니다.

생각해 볼 문제

Q. '분리되었으나 평등하다'라는 주장에는 어떤 문제가 있을까요?

Q. 우리 주변에도 이와 같은 차별 문제가 있는지 살펴봅시다. 문제를 해결하기 위해 어떤 노력들이 필요할까요?

3
'당신은 변호사를
선임할 권리가 있습니다'
미란다 원칙의 시작

🖋 죄가 있어도 풀어줘야 한다?

범죄를 다룬 드라마나 영화를 보면 용의자를 체포한 후 경찰이 "당신은 변호사를 선임할 권리가 있고"로 시작되는 긴 문장을 읊어주는 장면을 볼 수 있습니다.

내용이 꽤 길다 보니 다 외우기 힘들어서 주머니에서 카드를 꺼내어 보면서 읽어주는 경우가 많은데, 이 카드를 '미란다 카드'라고 부릅니다. 형사 피의자에게 자신이 가지고 있는 권리를 알려주어야 한다는 이런 원칙을 '미란다 원칙'이라고 부르기도 하고요.

언뜻 여성의 이름처럼 들리는 미란다는 사실 아주 흉악한 범죄자의 이름입니다. 미국에서 1941년에 태어난 에르네스토 미란다는 불우한 가정환경의 영향으로 어려서부터 온갖 범죄를 저지르며 소년원과 감옥을 제집처럼 드나들던 악질 범죄자였습니다. 무장강도, 차량절도, 특수절도, 강간 등 범죄의 목록을 끊임없이 늘려가던 미란다는 1963년 애리조나주에서 어떤 소녀를 납치하여 강간한 혐의로 체포됩니다.

목격자가 기억하는 자동차 번호판의 일부가 일치한다는 것을 근거로 경찰은 미란다를 연행했습니다. 경찰이 범행 사실을 다 알고 있다는 태도로 추궁하자 그는 고민 끝에 자신의 범행을 모두 자백해 버립니다. 자백을 근거로 경찰은 미란다를 재판에 넘겼고, 강간과 납치죄로 30년 형을 선고받았습니다.

여기까지는 끔찍하지만 그리 드물지 않은 범죄 사건의 평범한 마무리로 보입니다. 그런데 재판 과정에서 미란다의 변호인이 가장 유력한 증거

인 자백 자체가 무효라는 주장을 펼칩니다.

피고인은 자신에게 불리한 자백을 하지 않아도 되는 권리, 즉 묵비권이 있고 또한 변호사의 도움을 요청할 수 있는 권리도 있는데 미란다가이를 모르고 자백을 했으니 무효라는 것이지요. 다시 말해, 자백이 억지로 강요된 것은 아니지만 자신의 권리를 알았다면 하지 않았을 것이고, 경찰이 제대로 권리를 알려주지 않은 책임이 있으므로 자백 자체도 효력을 인정할 수 없다는 주장입니다.

일반인의 상식으로 보면 좀 당황스러운 주장입니다. 미란다가 범죄를 저지른 것은 분명해 보입니다. 그렇지 않았다면 자백 내용이 그렇게 자세하게 범죄 상황과 맞아떨어질 수 없었을 테니까요. 변호사도 미란다가범죄를 저지르지 않았다고 주장하는 것은 아닙니다. 그런데 '말 안 해도되는 줄 알았으면 자백을 안 했을 테니 제가 말한 거 무효로 하고 풀어주세요'라고 하는 거나 마찬가지잖아요? 뭐 이런 뻔뻔한 범죄자와 변호사가 있나 싶습니다.

더욱 당황스러운 것은 이런 뻔뻔한 주장을 미국 연방대법원이 결국받아들였다는 것입니다. 그래서 진짜로 청소년 납치 및 강간이라는 흉악한 범죄를 저지른 범죄자가 버젓이 무죄로 풀려나는 사태가 벌어지게됩니다. 도대체 어떻게 된 일일까요?

✒ 형법과 국민의 인권은 어떻게 조화를 이룰까

이 말도 안 되는 사건을 이해하려면 범죄자를 체포해서 벌을 주는 일과 관련된 형법의 특성에 대해 먼저 알아야 합니다.

법의 종류에는 국가와 국민의 관계를 다루는 공법, 국민 개인 간의 관계를 다루는 사법, 그리고 사법의 영역에 국가가 일정 부분 개입하는 사회법이라는 세 가지 영역이 있습니다. 형법은 헌법, 행정법과 함께 대표적인 공법의 일종입니다. 즉, 형법은 국가 대 개인의 관계를 다루는 법이지요. 이 부분은 대단히 중요한 차이입니다. 더 자세히 설명해 보지요.

돈을 빌려주고 돌려받는 것은 개인 간에 이루어지는 거래입니다. 사법의 영역이죠. 빌려준 돈을 받지 못하면 돈을 달라고 소송을 제기하는 사람('원고'라고 합니다)도 개인이고 그 소송의 상대방('피고'라고 합니다)도 개인이 됩니다.

그런데 형법의 영역에서는 개인과 개인이 법률 관계가 아니기 때문에 피해자가 소송을 제기하지 않습니다. 물론 피해를 입었다고 고소를 할 수는 있죠. 하지만 이게 사회 질서를 어지럽히는 일, 즉 범죄인지를 판단하고 처벌을 위한 재판을 신청할 것인지는 국가, 그 가운데서도 검사가 할 일입니다. 즉, 국가(검사) 대 개인(피고인)의 문제가 되는 것입니다.

돈을 갚지 않는 일도 그저 돈이 없어서 못 갚는 것이라면 범죄가 아니므로 국가가 개입하지 않지만, 의도적으로 돈을 안 갚으려고 계획한 범죄가 의심된다면 형법의 규율 대상이 될 수 있습니다.

돈이 없어서 '못 갚는' 것이든 의도적으로 '안 갚는' 것이든, 피해자의 입장에서는 마찬가지가 아닌가 생각할 수도 있습니다. 하지만 사회적으로는 매우 다른 종류의 행위입니다.

'못 갚는' 것은 다른 사람에게 피해를 주려는 의도가 아니라 어쩔 수 없는 상황 때문에 일어난 일이므로 사회적으로 책임을 묻기 어렵습니다. 반대로 일부러 타인에게 피해를 주어서라도 자신의 이익을 챙기려 한 행위는 벌을 주어서 막아야 하겠지요.

이렇게 하는 것을 사회 질서 유지라고 하고, 이를 위해 개인의 책임을 물을 만큼 잘못된 행동으로 법에서 정한 것을 범죄라고 합니다.

'못 갚는' 행위라고 해도 무조건 범죄가 안 되는 것이 아니라 스스로 못 갚을 줄 알면서도 마치 갚을 수 있을 것처럼 상대방을 속여서 돈을 빌리면 사기라는 범죄가 성립될 수 있습니다. 따라서 사회 질서 유지의 책임을 지고 있는 국가가 직접 개입해서 죄와 벌을 따지게 됩니다.

개인 대 개인의 사법적 관계에서는 두 개인이 동등한 주체라고 볼 수 있기 때문에 일대일로 주장을 펼치는 게 가능하지만 형법처럼 국가 대 개인의 관계로 바뀌게 되면 국가가 일방적으로 강하고 거대한 상대라는 점에서 균형추가 확 기울어버립니다.

물론 국가가 법에 따라 엄격하고 정확하게 판단하리라는 절대적인 믿음이 있다면 별 문제가 안 되겠지만 인간이 하는 일이 어디 그렇게 완벽하던가요? 국가가 개인의 권리를 침해하거나 억울한 사람을 범죄자로 만드는 일이 발생할 수 있기 때문에 형법의 문제는 국민의 인권 문제와 직결됩니다.

앞서 헌법에 대해 설명하면서 헌법이 국가의 권한을 제한함으로써 국민들의 권리를 보장하는 방식을 택하고 있다고 했지요? 마찬가지로 형법에서도 국가의 형벌권을 최대한 제한하고 자제하는 방식으로 국민의 인권을 보장하려 합니다.

그래서 개인 간의 법적 분쟁이라면 돈을 빌려준 사람과 빌려 간 사람이 각자 주장을 입증할 책임을 50퍼센트씩 가지는 것이 상식이지만, 형사 문제에서는 어떤 사람이 범죄를 저질렀다고 입증할 책임이 100퍼센트 국가에 있습니다. '합리적 의심의 여지가 한 점도 없이' 피고인이 범죄를 저질렀다고 국가가 완전히 입증하기 전까지 피고인은 일단 무죄라고 여겨집니다. 이것을 '무죄추정의 원칙'이라고 합니다.

이 이야기를 뒤집어 말하자면 피고인은 "난 억울하다, 난 범죄를 저지르지 않았다"라고 입증할 책임이 하나도 없다는 뜻도 됩니다. 즉, 검사가 범죄를 완전히 입증할 때까지 그냥 입을 다물고 있어도 일단은 무죄로 추정된다는 것이니 가능하면 아무 말도 하지 않고 있는 편이 유리할 것입니다. 이런 권리를 '묵비권'이라고 합니다.

민사 사건에서는 아무 말도 하지 않고 있으면 상대방의 주장을 인정하고 받아들이는 것으로 여겨져서 재판에서 질 것입니다. 하지만 형사 사건에서는 묵비권을 행사하고 있어도 검사가 확실한 증거를 제시하지 못하면 무죄가 된다는 것입니다.

여기에 덧붙여, 국가와 소송을 하는 과정에서 돈이 없어서 개인적으로 변호사를 구하기 어렵다면 대신 돈을 들여 국선변호인을 선임해 달라고 국가에 요청할 수 있는 권리도 있습니다. 동등한 입장에서 주장을 펼칠 수 있도록 돕는 이런 원칙을 '무기대등의 원칙'이라고 합니다.

이런 원칙들은 국민의 인권을 크게 신장시켰지만 범죄자를 수사하고 처벌해야 하는 사법기관의 입장에서는 엄청난 부담이었습니다. 근대 이전 사회에는 '자백은 증거의 왕'이라는 말이 있었습니다. 치안력도 부족하고 과학 수사도 발달하지 못했던 시절에 가장 확실한 범죄의 증거는 범죄자의 자백이었습니다. 그렇기 때문에 수사 과정과 재판도 피고인으로부터 자백을 받아내는 데 초점이 맞춰져 있었습니다.

조선시대를 배경으로 한 사극에서 재판 장면이 나오면 고을 원님이 습관처럼 "네 죄를 네가 알렸다?"라고 외치지요. 이 역시 자백을 통해 판결을 결정지으려는 모습을 보여주는 것입니다.

자백을 이끌어내기 위해서는 어떤 방법을 써야 했을까요? 논리적인 추리나 양심에 호소하여 설득하는 방법도 있겠지만 흉악한 범죄를 저지른 사람들이 어디 그런 데 마음이 흔들려서 스스로 벌을 받겠다고 했을까요? 그러니 없는 증거를 있다고 거짓말하거나 큰소리로 윽박지르고 심지어 고문을 하는 일이 비일비재했습니다.

우리 제헌헌법을 만드는 과정에서도 고문 금지를 넣으려고 했더니 고문이 없으면 수사를 어떻게 하냐고 반대한 사람들이 있었다고 합니다. 고문이 얼마나 오랜 세월 동안 일반화된 수사 방법이었는지 짐작할 수 있는 대목이지요.

강제 자백을 금지하는 묵비권, 그리고 불안하고 고립된 피고인을 돕는 변호사의 존재는 형사 절차에서 국민들의 인권을 향상시킨 획기적인 변화였습니다.

+ 더 알아보기 **용의자에서 피의자, 수형인으로**

범죄 혐의가 뚜렷하지 않아서 내부적으로 조사하는 단계를 내사라고 한다. 이 단계에서 의심이 가는 사람을 용의자라고 부른다. 조사를 하다 보니 혐의가 분명하게 드러났다면 수사 단계로 바뀌고 용의자도 피의자로 명칭이 바뀐다.

경찰에서 수사하던 내용과 피의자가 검찰로 넘겨지는 것을 송치라고 한다. 검찰은 사건을 검토한 후 재판에 넘길지 여부를 결정하는데 재판에 회부하기로 결정하는 것을 '소송(訴訟)'을 '세운다(起)'는 의미로 기소(起訴)라고 한다.

기소 단계에서 피의자는 다시 피고인이 된다. 그다음 사건은 법원으로 넘어가게 되는데 재판 결과 유죄가 인정되어 감옥에 수감되는 형이 선고되면 수형인이 되고 무죄가 선고되면 석방된다.

자, 형법에 대한 기초 지식들을 염두에 두고 미란다 사건을 다시 살펴보도록 합시다.

1960년대면 약 60년 전인데 미국이 근대 국가로 출범한 지 200년이 다 되어가는 그 시점까지도 경찰은 여전히 자백을 중요한 수사 수단으로 사용하고 있었습니다. 그래서 여러 가지 사회적 문제가 발생했지요.

고문 같은 강제적 수단은 아니어도 피의자를 가두어놓고 고립시켜서 좌절한 끝에 자백을 하게 만든다거나, 마치 확실한 증거가 있는 것처럼 속여서 압박하는 방식 등은 흔하게 사용되고 있었습니다. 그리고 이런 수사가 효과를 발휘하도록, 자백을 안 해도 되는 권리가 있다는 건 당연히 알려주지 않았지요.

미란다 사건의 경우에도 그랬습니다. 미란다가 체포되자 경찰은 피해자가 미란다의 얼굴을 확실히 알아보았다는 듯한 분위기를 풍기고 목격자가 일부밖에 기억하지 못한 자동차 번호도 전부 확인된 것처럼 말했습니다. 미란다가 '다 끝났구나!' 하는 마음을 갖도록 몰고 간 후 자백을 받아낸 것입니다.

자술서 위쪽에 '내 권리를 모두 알고 있는 상태에서 이 자술서를 작성합니다'라는 문구가 인쇄되어 있었지만 애초에 권리가 있다는 사실 자체를 모르니 미란다에게는 아무 의미가 없었을 것입니다. 결국 미란다가 범죄를 저질렀다는 가장 확실한 증거는 자백뿐인 상황이었습니다.

물론 이 사건에서 미란다는 확실히 범죄를 저지른 것으로 의심됩니다. 그러나 이런 식으로 수사하는 것을 계속 묵인한다면 자신의 정당한 권리를 침해당한 채 수사를 받다가 억울한 누명을 쓰는 일이 발생할 우려가 있습니다. 그렇기 때문에 연방대법원은 이런 잘못된 관행에 제동을 거는 차원에서 미란다에게 무죄를 선고한 것입니다.

당연히 선고가 이루어진 1964년 당시 미국 전역은 발칵 뒤집혔습니다. 시민들은 이제 법적 절차를 트집 잡아 무죄로 풀려나는 범죄자들이 늘어나게 될 것이라고 걱정했습니다. 경찰은 경찰대로 이런 식으로라면 나쁜 놈들을 잡아넣을 방법이 없다며 원칙만 내세우는 연방대법원의 논리에 불만을 표시했습니다.

그러나 사람들의 우려와는 달리 권리를 알게 되었다고 해서 중범죄가 증가하는 현상은 벌어지지 않았습니다. 무죄로 풀려났던 미란다조차 절치부심하여 재수사를 벌인 경찰이 새로운 증거를 찾아내 다시 체포했습니다. 미란다는 유죄 판결을 받아 결국 감옥에 갔습니다.

한편 형사 절차에서 법으로 정한 절차를 제대로 준수하려는 노력은 지속적으로 강화되었습니다. 혹시 권리를 잘못 읽어줘서 어렵게 잡은 범인을 놓아주게 될까 봐 경찰은 일명 미란다 카드를 만들어 항상 주머니에 소지하고 다녔습니다. 그 카드에는 체포 전에 알려줘야 하는 권리 내용이 담겨 있지요. 또한 국선변호인의 도움을 받는 사람들이 늘어날 수 있도록 예산과 지원 범위가 계속 확장되었습니다. 결국 이런 변화들은 국민들의 권리를 이중, 삼중으로 보호하는 결과를 가져온 것입니다.

형법의 방향성은 딜레마를 안고 있습니다. 형법에서 인권 보호를 이야기하는 것은 피해자 보호보다는 형사 절차에서 국가에 의해 인권을 침해당하기 쉬운 피의자의 권리를 강조하게 됩니다. 그러다 보니 인권을 보호한다는 핑계로 나쁜 놈들의 편을 들어준다는 오해를 받기도 합니다. 결과적으로 이들이 처벌을 피하는 데 도움을 주는 경우도 있지요. 다시 말해 한 명의 억울한 사람을 만들지 않도록 하려다 보니 열 명의 범인을 놓치는 일이 발생할 수도 있다는 것입니다.

이것은 어쩔 수 없는 선택이자 가치관의 문제입니다. 근대 이전 사회에서는 사회 질서를 유지하는 것이 무엇보다 중요하다고 생각했기 때문에 '한 명의 억울한 사람이 생기더라도 열 명의 범인을 잡아넣어야 한다'는 원칙을 택하는 경우가 많았습니다. 압박과 고문을 통해 자백을 받는 방식으로 수사를 한 데에는 이런 가치관이 깔려 있습니다.

언뜻 들으면 '그래, 가끔 희생자가 발생하는 건 어쩔 수 없지' 하고 생각할 수 있습니다. 하지만 그 억울한 희생자가 내가 될 수도 있다는 점을 생각해 보세요. 과연 내가 억울하게 범인으로 몰려서 처벌을 받게 되더라도 '어쩔 수 없는 일이니 받아들이자' 하고 생각할까요?

그래서 개인의 권리와 가치를 중요시하는 현대 사회에서는 국가가 형벌권을 남용하여 인권을 침해받는 사람이 생기지 않도록 형법과 형사 절차를 엄격히 하고 권한을 제한하는 방향으로 법이 발전해 왔습니다. 인간이 신이 아닌 이상 잘못 판단할 가능성은 언제나 존재하기 때문입니다. 이것이 비록 최선은 아닐지 몰라도 지금까지 우리 인류가 발견해 낸 죄와 벌을 다루는 가장 덜 나쁜 방법입니다.

생각해 볼
문제

1. 우리 법에도 미란다 원칙이 반영되어 있을까요? 헌법에서 미란다 원칙과 관련된 조항을 찾아보세요.

2. '열 명의 범인을 놓치더라도 한 명의 억울한 사람이 생기는 것을 막아야 한다'는 주장에 동의하나요? 자신의 생각을 말해 봅시다.

4

여성은
남성의 보호를 받아야 한다?

호주제 폐지

✎ 여성을 차별하는 가족법

미국 사회에서 일어나는 흑인에 대한 부당한 차별은 오랜 세월에 걸친 노력에도 완전히 해소되지 않고 있습니다. 차별 문제는 미국에 국한된 것이 아닌 전 세계적인 문제입니다.

호주에서는 백인이 아닌 사람들을 차별하는 '백호주의'가 오랜 시간 동안 사회 문제가 되었습니다. 남아프리카공화국의 인종 분리정책에 맞서 싸우다 평생을 감옥에 갇혀 보낸 넬슨 만델라의 사례도 있습니다. 아프리카 르완다에서 투치족이 후투족을 차별한 역사는 결국 내전이라는 끔찍한 비극으로 이어지기도 했습니다.

우리나라에는 인종으로 인한 차별 문제가 크게 부각되지 않고 있지만 이에 못지않은 고통을 겪고 있는 사람들이 있습니다. 세상의 절반, 바로 여성들입니다.

우리나라에서 가족 관계를 규정하는 가족법은 6.25전쟁이 끝나고 나서부터 본격적인 입법 작업에 들어가 1958년에 처음으로 제정되었습니다. 하지만 민주공화국인 대한민국이 탄생한 지 10년이나 지난 시점에서 만들어진 가족법이라고 하기엔 여성차별적인 요소들이 너무나 많았습니다. 유교적 전통이 강한 우리나라의 특성상 부계, 그러니까 아버지쪽의 혈통을 강조하고 법적인 권리도 이쪽에 치우쳐 있었던 것입니다.

예를 들어 친척의 범위를 아버지 쪽으로는 8촌까지 인정했지만 어머니 쪽으로는 4촌까지만 인정했습니다. 이혼할 경우 소유가 불분명한 재산은 남편의 소유로 인정했고 양육권도 원칙적으로 아버지가 갖도록 했습니다. 게다가 남자는 이혼 후 곧바로 재혼할 수 있지만 여자는 6개월간 재혼을 금지하는 어이없는 조항도 있었습니다.

부모님이 재산을 남기고 돌아가셨을 경우 상속에 있어서도 여성들은 노골적으로 차별을 받아서 법정 상속분에 차이가 있었습니다. 평생 아버지와 살며 함께 재산을 모은 배우자인 어머니보다 오로지 아들이라는 이유로 장남이 더 많은 재산을 상속받고, 딸은 아들보다 적게 받았습니다. 심지어 딸이 결혼한 경우는 출가외인이라는 이유로 그보다 더 적은 액수를 받도록 했습니다.

이러한 가족법의 문제점을 바로잡기 위해 많은 사람들이 노력을 기울였습니다. 그 결과 1977년 개정을 통해 소유가 불분명한 재산은 부부 공동 소유로 하고 아들과 딸의 상속분도 동등하도록 바꾸었습니다. 1990년 개정에서는 친척 범위를 부계, 모계 모두 8촌까지로 인정하고 부모의 평등한 양육권도 인정되었습니다. 또한 2005년에는 이혼 후 6개월 동안 여성의 재혼을 금지한 조항도 폐지했습니다.

그러나 가족법에서 가부장적 차별의 가장 핵심으로 여겨져서 매번 강력한 개정 요구가 있었던 한 가지 제도만은 쉽사리 바뀌지 않았습니다. 바로 '호주제'였습니다.

🖋 가정의 주인은 누구인가?

한자로 '호(戶)'는 집으로 들어가는 문, 또는 집 자체를 가리킵니다. 주(主)는 주인을 말하니 '호주'는 '집의 주인'이라는 뜻입니다. 국어사전에 따르면 호주는 '한집안의 주인으로서 가족을 거느리며 부양하는 일에 대한 권리와 의무가 있는 사람'입니다.

아마 이 설명을 읽으면서 뭔가 불편한 느낌을 받을 수도 있습니다. 가족은 애정으로 뭉쳐 함께 살아가는 공동체인데 '주인'이라느니 '거느리며'라느니 하며 마치 주종관계를 의미하는 듯이 설명하고 있으니 말입니다.

호주제는 과거에 아버지를 중심으로 구성되던 가족 관계를 반영하는 이른바 가부장제를 바탕으로 만들어진 가족 구성의 원칙입니다. 호적법에 의하면 아버지가 호주가 되고 어머니를 비롯한 다른 가족들이 그 아래에 구성원으로 기록되었습니다. 이는 아버지가 주인인 집에 다른 구성원들이 들어가는 것으로 이해되었기 때문에 '입적'한다고 표현했습니다.

이런 제도는 단순히 우리 사회의 전통이라고만 할 수 없는 여러 가지 문제를 만들어냈습니다. 예를 들어 어떤 여성이 이혼하고 자신이 낳은 아이를 데리고 재혼한다면, 재혼 상대인 남성이 아이를 입적시키는 것을 허락해 주어야 합니다. 만약 남성이 거부한다면 아이는 법적으로 신분이 없는 상태가 되는 것입니다.

입적을 한다 해도 전남편의 성을 따르게 되어 있기 때문에 새아버지, 혹은 새로운 형제들과 성이 달라지는 경우도 생겼습니다. 성이 다르다는 걸 보면 누구나 재혼했다는 사실을 알게 되므로 사생활이 그대로 노출되었습니다. 일상생활에서도 많은 불편을 겪게 되겠죠.

더 큰 문제는 호주제가 기본적으로 남성 중심적 제도이다 보니 호주도 남성들에 승계되었다는 점입니다. 즉, 아버지가 죽으면 아들에게로 호주

+더 알아보기 **부부는 성이 같아야 한다?**

일본 전통 사회에서 성(姓)은 사무라이 등 일정 수준 이상의 신분에만 허용되었다. 하지만 1868년 메이지 유신으로 모든 사람이 성을 쓸 수 있게 되자 서양식 제도를 도입한다는 명분으로 민법을 통해 부부가 같은 성을 쓰도록 했다. 즉, 남녀가 결혼을 하면 어느 한쪽의 성을 따르도록 한 것인데 남성 중심적 사회에서 거의 대부분의 여성들이 남성의 성으로 바꾸었다.

하지만 서양에서도 남녀평등 사상이 확대되면서 부부동성을 법으로 강제하는 나라는 전 세계에서 일본밖에 남지 않은 상황이 되었다. 그러자 이 제도에 문제를 제기하는 사람들이 늘어나게 되었다. 2015년 부부가 한 성을 갖도록 한 민법 제750조에 대해 제기된 위헌소송에서 일본 최고재판소는 합헌 결정을 내렸고, 2019년 이번엔 부부별성을 택하지 못하도록 한 호적법에 대해 두 쌍의 부부가 소송을 제기했으나 역시 원고 패소 판결이 나왔다.

법원은 부부동성제도에 남녀를 차별하는 불평등한 요소가 없고 가족이 같은 성을 쓰는 것이 일본 사회의 전통이라며 합헌 입장을 고수하고 있다. 1996년 일본 정부가 마련했던 부부별성제도 민법개정안도 보수 진영의 반대 여론에 밀려 무산된 바 있다.

가 승계되어 법적으로만 보자면 여성은 태어난 시점에서는 '아버지의 딸'이고 결혼을 하면 '남편의 아내'이며 남편이 죽으면 '아들의 어머니', 아들마저 세상을 떠나면 심지어 '손자의 할머니'로 편입되는 지경이었습니다.

사실 호주제는 우리 사회의 전통이라고 보기도 힘듭니다. 호주제가 처음 도입된 것이 고려 혹은 조선시대가 아니라 일제 강점기였기 때문입니다.

원래 일본에서 국민들을 등록하고 관리하기 위해 만든 제도 중 하나인 호주제는 1923년 조선총독부가 시행을 결정하면서 우리나라에도 적용되기 시작했습니다. 아이러니한 것은 정작 호주제를 도입한 일본은 제2차 세계대전 패전 후 여러 가지 제도 개혁을 하는 과정에서 이 제도가 양성평등에 부합하지 않는다며 1947년에 폐지했다는 사실입니다. 그런데도 우리나라는 반세기가 넘도록 호주제를 유지하고 있었던 것입니다.

🖋 동등한 주체로 바로서기 위한 싸움

여성이 독립적인 법률적 주체로 바로서지 못하도록 만드는 호주제의 성격 때문에 호주제 폐지는 남녀평등으로 가는 변화의 중요한 문턱으로 여겨졌습니다. 이를 위해 많은 사람들이 노력을 기울였습니다.

호주제 폐지를 위한 민법개정안은 1975년, 1986년, 1988년까지 줄기차게 제출되었으나 번번이 국회의 문턱을 넘지 못했습니다. 그러나 여성단체들은 포기하지 않았습니다.

1998년 만들어진 '호주제 폐지를 위한 시민의 모임'은 호주제 문제를 공론화하는 데 큰 역할을 담당했습니다. 1999년 11월 유엔 인권위원회가 호주제의 남성우월적 성격을 지적하는 의견을 제시하자 호주제 폐지 운동은 더욱 탄력을 받았습니다. 2000년 9월, 114개나 되는 시민·사회 단체가 힘을 모아 '호주제 폐지를 위한 시민연대'를 만들고 헌법재판소에 위헌 소송을 제기하였습니다.

당시 호주제 위헌 소송 대리인단을 맡았던 변호사들은 이번에야말로 반드시 호주제를 철폐하겠다는 각오로 똘똘 뭉쳤습니다. 호주제가 위헌이라는 근거를 제시하기 위해 삼국시대, 고려시대의 가족 제도에서부터 다양한 외국의 사례들, 심지어 동물들의 가족 형태까지 연구했습니다.

호주제 폐지를 주장하는 변호사들은 자신이 호주제를 따르는 모습을 보이면 소송에 악영향을 줄까 봐 호주제가 폐지될 때까지는 혼인신고도 하지 않기로 했다고 합니다. 이 소송이 2005년까지 이어지는 바람에 실제로 오랜 기간 동안 혼인신고를 하지 못한 변호사들도 생겼습니다.

마침내 2005년 2월 3일 헌법재판소는 호주제 관련 민법 조항들에 헌법 불합치라는 역사적인 결정을 내립니다. 헌법재판소 결정문의 내용 중 일부분을 살펴보겠습니다.

호주제는 성역할에 관한 고정관념에 기초한 차별로서, 호주 승계 순위, 혼인 시 신분 관계 형성, 자녀의 신분 관계 형성에 정당한 이유 없이 남녀를 차별하는 제도이고, 이로 인하여 많은 가족들이 현실적 가족 생활과 가족의 복리에 맞는 법률적 가족 관계를 형성하지 못하여 불편과 고통을 겪고 있다.

(……) 오늘날 가족 관계는 한 사람의 가장(호주)과 가속으로 분리되는 권위주의적 관계가 아니라, 가족원 모두가 평등하게 존중되는 민주적인

관계로 변화하고 있고, 사회의 분화에 따라 가족의 형태도 모와 자녀로 구성되는 가족, 재혼 부부와 전 배우자와의 사이에서 태어난 자녀로 구성되는 가족 등 매우 다변화되었으며, 여성 경제력의 향상, 이혼율 증가 등으로 여성이 가장의 역할을 맡는 비율이 점차 증가하고 있다.

(따라서 호주제가 전통과 관련이 있다 해도) (……) 변화된 사회 환경 및 가족 관계와 조화되기 어려울 뿐 아니라, 오히려 현실적 가족 공동체를 질곡하기도 하는 호주제를 존치할 이유를 찾아보기 어렵다.

이 결정에 힘입어 2005년 3월 2일 호주제 폐지를 뼈대로 한 정부의 민법 개정안이 국회 본회의에서 통과되었고, 이 법이 시행된 2008년 1월 1일부터 호주제는 역사 속으로 사라지게 되었습니다.

+더 알아보기 **헌법 불합치**

헌법재판소에서는 법률이 헌법에 비추어 어긋나는지 여부를 따지는 위헌법률심사를 하는 것이 주된 역할이다.

만약 헌법에 어긋난다고 판단되면 위헌 결정을 내리는데, 문제는 위헌 결정이 내려지면 즉시 해당 법률의 효력이 정지되어 법률의 공백 상태가 발생할 수 있다는 점이다. 이에 따른 혼란을 막기 위해 입법권을 가지고 있는 국회에서 법률을 다시 만들 시한을 정해주고 그때까지는 법률의 효력이 유지되도록 제한적으로 허용한다. 이를 헌법 불합치라고 부른다.

하지만 그 법률이 국민의 기본권을 심각하게 침해하고 있어 즉시 효력을 정지시킬 필요가 있으면 이런 조건 없이 곧바로 위헌을 선언하는 단순위헌 결정을 내린다.

✒ 우리는 끝내 답을 찾을 것이다

마침내 우리나라는 '세계에서 유일한 호주제 국가'라는 악명을 벗었습니다. 그러나 여전히 여성인권 향상을 위한 많은 과제들이 남아 있습니다. 가장 시급하고 중요한 문제는 여성을 대상으로 한 폭력 문제입니다.

2017년 《뉴욕 타임스》는 할리우드의 영향력 있는 영화 제작자인 하비 와인스틴이 자신의 권력을 이용해 수많은 여성들에게 성폭력과 성추행을 일삼아왔다는 보도를 했습니다.

보복을 당할까 봐 두려워 자신이 당한 폭력을 숨기고 있던 여성들은 이 사건을 계기로 아픔을 드러내고 공감하자는 의미에서 SNS에 자기의 경험을 올리고 'Me Too'라는 해시태그를 달기 시작했습니다. 이는 순식간에 전 세계로 확산되면서 '미투(me too) 운동'이라는 이름으로 불리게 되었습니다.

피해를 당했으면서도 부끄럽고 두려운 마음에 숨기고만 있던 여성들의 숫자는 상상을 초월할 정도로 많았습니다. 하비 와인스틴에게 피해를 입었다고 밝힌 여성들은 금세 100명을 넘어섰습니다. 그리고 이 사건을 계기로 미국 전역은 물론, 영국, 프랑스, 일본, 중국 등 전 세계에서 피해 여성들의 고발이 봇물 터지듯 쏟아졌습니다.

우리나라에서도 미투 운동을 계기로 성폭행, 성추행 피해를 호소하는 목소리가 터져나와 그들의 고통에 공감하고 함께하겠다는 '위드유(with you) 운동'도 벌어졌습니다.

남성의 물리적인 힘, 사회적인 권력을 바탕으로 한 폭력, 상시적인 성희롱과 성추행, 불법촬영 카메라와 성의 상품화에 이르기까지 사회적 약자인 여성들을 괴롭히는 문제들은 여전히 진행 중입니다.

　여성인권 문제에 좀더 관심을 갖고 민감하게 인식하는 것, 그리고 우리의 노력을 통해 결국 잘못된 일들이 바로잡히고 모든 인간이 존엄한 존재로 인정받는 사회가 올 것이라고 믿는 것이 모든 문제 해결의 출발점입니다. 인류 멸망 직전에도 포기하지 않고 희망과 구원을 찾아 우주로 떠나는 용감한 사람들의 이야기를 그린 어떤 영화의 홍보 문구가 떠오릅니다.

　"우린 답을 찾을 것이다. 늘 그랬듯이."

생각해 볼 문제

Q. 우리나라에 호주제가 등장하게 된 이유, 그리고 폐지된 이유에 대해 생각해 봅시다. 어떤 사회적 요인이 가장 큰 영향을 주었을까요?

Q. 남녀평등을 위해 어떤 제도나 법률의 개선이 더 필요할지 생각해 봅시다.

5

사형 제도,
인권 보호일까 침해일까?

조지 스티니 사건

🖋 최연소 사형수의 억울한 죽음

1944년 어느 봄날 사우스캐롤라이나 클라렌든 카운티에서 여덟 살, 열한 살 된 두 백인 소녀가 실종됐습니다. 꽃을 꺾으러 나간 두 소녀는 다음 날 숨진 채 발견됐습니다. 경찰은 근처에 살던 열네 살 흑인 소년 조지 스티니를 용의자로 체포했습니다. 증거는 없었고 소년의 자백이 유일한 기소 근거였습니다. 재판 과정에서 조지는 자기가 한 짓이 아니고 자백한 적도 없다고 말했습니다.

그러나 분노한 백인들의 보복을 피해 가족들이 도망쳐버려 재판이 열리기까지 석 달 가까이 혼자였던 열네 살 소년은 어떤 도움도 받을 수 없었습니다. 모든 재판 관련자들은 백인이었고 변호를 맡은 백인 변호사

억울하게 사형을 당한 열네 살 소년 조지 스티니.

는 증거나 증인 등을 따져보지도 않고 혐의를 모두 인정해 버렸습니다.

재판에는 겨우 150분이 걸렸고 배심원단 평결도 10분 만에 끝났습니다. 조지는 이틀 후에 사형장으로 향했는데 커다란 『성경』을 겨드랑이에 끼고 갔다고 합니다. 믿음이 깊어서가 아니었습니다. 어린 나이라 체격이 작으니 사형을 집행할 전기의자가 너무 커서 『성경』을 깔고 앉아야 했기 때문이라고 합니다.

60년 후, 흑인 인권이 어느 정도 회복된 시점에서 이 사건의 재조사가 시작되었습니다. 조사 결과 조지 스티니는 재판에서 법적 조력을 받지 못했고 자술서도 없으며 자백 역시 강압에 의한 것임이 밝혀졌습니다. 심지어 한 백인 남성이 임종 직전에 자신이 그 사건의 진범이라고 고백했다는 가족의 진술도 확보되었습니다.

2013년 열린 재심에서 조지는 70년 만에 무죄 판결을 받았습니다.

하지만 조지는 이미 사형당했고 그의 가족은 뿔뿔이 흩어져버린 후였습니다.

이런 억울한 죽음은 그리 드문 일이 아닙니다. 1927년 무장강도 살인 혐의로 사형당했던 이탈리아계 이민자 사코와 반제티 사건도 1959년 다른 진범이 확인되어 완전히 잘못된 재판이었다는 점이 밝혀졌습니다. 1953년 소련에 원자력 기술을 넘긴 스파이 혐의로 사형당한 로젠버그 부부 사건도 명확한 증거 없이 매카시즘*의 광기에 희생당한 사례로 비판받고 있습니다.

가까운 중국에서는 1996년 후거지러투라는 청년이 여성 살해 혐의로 62일 만에 총살되었는데 2016년에야 누명을 벗고 가족들에게 국가배상이 이루어진 바 있습니다.

우리나라에서도 1975년 유신독재 체제에 맞서 싸우던 민주화운동가들을 '북한의 지령을 받아 인민혁명당을 재건하려 했다'는 혐의로 체포하여 그중 여덟 명에게 사형을 선고하고 판결 후 불과 18시간 만에 기습적으로 사형을 집행한 일이 있었습니다. 2002년 의문사 진상규명위원회는 당시 중앙정보부가 피의자 신문조서와 진술조서를 위조하여 조작한 사건이었음을 밝혔습니다.

죽음이라는 돌이킬 수 없는 형벌로 처벌하는 사형 제도. 왜 우리나라를 포함한 여러나라들은 사형 제도를 여전히 유지하고 있는 것일까요?

사형 제도는 과연 필요악일까요, 아니면 사라져야 할 인권침해의 상징일까요?

매카시즘

어떤 집단에서 반대자, 혹은 집단을 공산주의자로 매도하는 주의를 말한다. 1950년대 미국에서 벌어진 반(反)공산주의 열풍에서 일어났고, 매카시즘은 당시 공화당 의원인 J.R 매카시의 이름에서 따 온 말이다. 매카시 의원이 1950년 당원회의에서 "미국에서 활동하는 공산주의자들의 명단을 가지고 있다"는 발언을 함으로써 시작되었다. 이로 인해 수많은 사람들이 체포되고 심문을 받는 등 많은 피해가 일어났으나, 결국 매카시 의원의 주장은 거짓으로 밝혀졌다.

사코와 반제티의 억울한 죽음

1920년 4월 15일 미국 메사추세츠주 구두 공장에 강도가 들어 직원들의 급여를 도둑맞고 직원 두 명이 살해당하는 사건이 발생했다.

사건 발생 20일 만에 이탈리아계 노동자인 사코(Sacco)와 반제티(Vanzetti)가 용의자로 체포되었다. 재판 과정에서 이들이 살인을 저질렀다는 명백한 증거는 제시되지 않았지만 이들이 무정부주의라는 신념을 가지고 있다는 점에 거부감을 느낀 배심원들이 유죄 평결을 내려버렸다.

이들을 살인범으로 지목한 증인도 자신의 증언을 번복했고 심지어 1925년 갱단과 한패로 강도를 벌인 진범이 자신이 저지른 일이라고 자백했다. 이를 바탕으로 1심 판사가 자신의 판결이 잘못되었다며 재심을 요구했으나 대법원은 재심을 기각하는 어이없는 사태가 벌어졌다. 국제적인 항의 운동이 일어났는데도 결국 1927년 8월 23일 사형이 집행되어 두 사람은 누명을 쓴 채로 세상을 떠나게 되었다.

형벌의 목적은 무엇인가

이 문제에 대해 알아보려면 먼저 형벌이 무엇인지 살펴볼 필요가 있습니다. 형법은 사회 질서를 어지럽히는 행위를 범죄로 보고 국가가 형벌을 가하여 사회 질서를 회복하는 것을 목적으로 하는 법입니다. 그렇다면 형벌은 '사회 질서 유지'라는 목적에 적합한지를 기준으로 타당한 형벌인지 아닌지 판단할 수 있을 것입니다.

형벌의 목적으로 가장 오래전부터 인정되어 온 것은 응보주의(應報主義)라는 원칙입니다. 저지른 잘못에 대해 응당한 벌을 내리는 것이 정의의 관념에 부합한다는 것이지요.

예를 들어 '눈에는 눈, 이에는 이'라는 원칙에 따라 살인을 저지른 사람은 목숨으로 죄를 갚도록 사형을 내리는 것이 이에 해당합니다. 가해자의 입장에서는 자신이 입힌 피해에 대해 죗값을 치르는 것이고, 피해자의 입장에서는 복수를 하는 것이니 기울어졌던 정의의 저울이 균형을 찾는 효과가 있다고 여겨져 오랜 세월 동안 당연한 원칙으로 받아들여왔습니다.

이런 복수는 죄를 저지른 사람에게 복수를 했다는 감정적인 만족을 줄 수는 있겠으나 그런 감정적 만족을 제공하는 것이 국가가 국민에게 형벌권을 행사하는 목적이 될 수는 없을 것입니다. 따라서 국가의 입장에서는 죄를 저지른 사람이 무거운 형벌을 받는 본보기를 널리 보여줌으로써 처벌이 두려워서 범죄를 저지르지 못하도록 막는 효과가 더 중요했습니다. 이를 형벌의 일반예방효과라고 부릅니다.

잔인한 일이지만 사형수를 모든 사람들이 볼 수 있도록 광장에서 처형한다거나 시체를 사람들이 오가는 성문이나 시장 한가운데에 내걸었던 것도 사람들에게 겁을 주고 죄의 대가를 널리 알리는 효과를 극대화하기 위해 선택한 방법 가운데 하나였습니다.

일반예방효과는 범죄자가 아닌 다른 사람들에게 미치는 효과인 데 반해, 형벌을 통해 잘못을 저지른 범죄자 개인들을 바로잡는 계기로 삼아야 한다는 생각도 있었습니다. 이를 죄수 개개인에 미치는 효과라고 해서 특별예방효과라고 부릅니다.

교정·교화를 통해 범죄자를 건전한 사회인으로 만들어 복귀시키는 것을 목적으로 하는 현대의 '교도소'는 특별예방효과를 염두에 두고 '바른 길을 가르친다'는 뜻을 담아 만든 이름입니다.

형벌의 목적을 기준으로 사형 제도의 타당성에 대해 생각해 봅시다.

사형을 선고받을 정도면 그 사람이 저지른 범죄는 대단히 끔찍한 수준일 것입니다. 피해자와 그 가족의 고통은 말할 것도 없고 사회적 공분도 큰 사건일 가능성이 높습니다.

이런 범죄자에게 자신이 저지른 죄에 상응하는 벌을 내리는 것이 당연하다는 많은 사람들의 법감정에 비추어 보면, 최고의 형벌인 사형은 가장 합당한 형벌로 여겨질 것입니다. 즉, 응보주의의 측면에서 사형 제도는 제 역할을 하고 있다고 할 수 있습니다.

아울러 이렇게 위험한 범죄자와 같은 사회에서 살아가는 데에 불안해하는 사람들의 마음에도 '사회로부터의 영원한 격리'를 의미하는 사형이 합당한 형벌로 여겨질 것입니다.

하지만 일반예방효과에서부터 이미 사형 제도의 효용성에 대한 의견이 엇갈립니다. 상식적으로는 사형을 당할 수도 있다는 두려움 때문에 범죄를 주저하는 것이 당연할 것 같지만 살인과 같은 극단적인 범죄를 저지르는 사람들은 이성이 마비된 상태거나 혹은 살인을 통해서라도 목적하는 바를 얻어야 한다고 생각하는 극단적인 경우가 많습니다. 그 때문에 최고의 형벌을 내린다고 해서 범죄가 줄어들 것인가에 대해서는 여러 연구들이 엇갈리는 결과를 내놓고 있습니다.

특별예방효과에 이르면 사형 제도는 전혀 쓸모없는 형벌이 되어버립니다. 교정·교화를 받을 당사자가 죽어버린 상황에서 '교도'는 애당초 불가능하기 때문입니다.

사형은 최종적이고 극단적인 처벌이기 때문에 혹시 수사나 재판 과정에서 오류가 있었다 해도 바로잡는 것이 불가능하다는 문제도 있습니다. 자신이 사형 선고를 내려 처형된 범죄자가 나중에 무죄로 밝혀져서 죄책감 때문에 자살한 판사도 있었습니다.

뿐만 아니라 정치적 목적에서 라이벌을 제거하거나 겁을 주는 수단으로 사형 제도를 악용할 가능성도 있습니다. 앞서 예로 든 로젠버그 부부 사건이나 우리나라의 인민혁명당 사건은 당시의 매카시즘, 유신독재와 같은 정치적 상황 때문에 억울한 죽음을 맞이한 경우였습니다.

그러나 이 모든 목적을 중심으로 한 평가 이전에 근본적으로 사형 제도의 타당성에 의문을 제기하는 사람들도 있습니다. 애초에 인간이 다른 인간을 합법적으로 살인하는 것이 가능한가를 묻는 것입니다. 우리나라에서 사형 제도 자체가 위헌이라고 주장하는 이들의 핵심적인 법적 근거는 헌법 제37조 2항입니다.

✒ 헌법 제37조 2항의 무게

헌법은 국가가 보장해야 할 국민들의 기본권과 이를 위해 필요한 국가의 조직 및 운영 방식을 담은 최고의 법입니다. 따라서 대부분의 내용이 국민들의 권리를 밝히고 보호하고 있습니다. 그런데 한편으로는 국가 공동체에서 함께 살아가면서 어쩔 수 없이 권리를 제한하게 될 경우는 어떻게 할 것인지도 정할 필요가 있습니다. 이 내용을 담고 있는 것이 바로 제37조 2항입니다.

제37조 ② 국민의 모든 자유와 권리는 국가안전보장·질서유지 또는 공공복리를 위하여 필요한 경우에 한하여 법률로써 제한할 수 있으며, 제한하는 경우에도 자유와 권리의 본질적인 내용을 침해할 수 없다.

이 조항은 국가가 국민의 자유와 권리를 제한할 때도 조건이 따르도록 함으로써 국가권력을 견제하려는 목적을 지니고 있습니다. 제한의 목적은 '국가안전보장, 질서유지, 공공복리'를 위한 경우만 인정하고 있고, 이런 목적이라 할지라도 이것이 '필요한 경우'인지 따져보도록 했습니다. 이것을 따지는 곳이 바로 헌법재판소입니다.

모든 권리의 제한은 법률을 통해서만 하도록 한정했습니다. 국회의원, 대통령 등 어떤 높은 지위에 있는 사람이 명령한다 하더라도 법률에 근거를 두지 않으면 권리를 제한할 수 없도록 하는 것입니다. 법원이 하는 역할이 바로 어떤 행위가 법률에 저촉되는지 아닌지를 판단하는 것이지요.

이 조항에서 가장 중요한 부분은 맨 뒷부분이라고 할 수 있습니다. 이런저런 목적과 근거를 가지고 제한을 한다 해도 '본질적 내용'은 침해할 수 없다며 분명하게 한계를 정해놓은 것입니다. 왜냐하면 아무리 다양한 조건을 건다 해도 독재권력의 횡포로 국회에서 악법이 통과되고, 법원에서 잘못된 판단을 내려서 국민들의 권리가 침해될 가능성이 있기 때문입니다.

국가는 어디까지나 국민들의 기본권을 지키기 위한 목적으로 만들어진 것이기 때문에 그 목적을 넘어서는 과도한 권력 행사를 하지 못하도록 한계를 설정한 것이라고 할 수 있습니다.

사형 제도는 이 조항에 정면으로 반하는 제도입니다. 인간에게 생명보다 더 본질적인 권리가 있을까요? 국가가 합법적으로 국민의 생명을 빼앗을 수 있다면 이미 국가가 빼앗을 수 없는 국민의 권리란 없다고 보는 게 타당할 것입니다. 개인에게 개입할 어떤 극단적인 권한이라도 가질 수 있는 국가를 과연 민주국가, 입헌주의 국가라고 부를 수 있을지 의문입니다.

1764년 형법의 고전인 『범죄와 형벌(*Dei delitti e delle pene*)』이라는 책을 써서 근대 형법의 아버지로 불리는 체사레 베카리아(Cesare Beccaria)라는 학자가 있습니다. 그는 250년도 더 전에 인간이 사회계약을 통해 국가를 탄생시켰다면 자신의 생명을 계약의 대상으로 제시했을 리 없기 때문에 사형 제도는 폐지되어야 한다는 주장을 펼쳤습니다.

법을 국가와 개인의 문제 이전에 개인과 개인 사이의 문제로 환원해 보아도 사형 제도는 근본적인 의문을 남깁니다. 개인 간의 합의를 통해 어떤 사람의 생명을 빼앗자는 결정이 체계적으로 이루어지고 실제로 집행되는 사회가 진정 '인간의 존엄성'을 바탕으로 하는 사회라고 말할 수 있을까요?

✎ 우리나라는 사형폐지국?

가끔 우리나라는 사형폐지국이 아니냐고 묻는 학생들이 있습니다. 우리나라는 1997년 이후 20년 넘게 사형 집행을 하지 않고 있습니다. 인권단체인 국제앰네스티에서는 10년 이상 사형 집행을 하지 않은 국가를 '실질적 사형폐지국'으로 간주하기 때문에 아마 이 내용을 전해들었던 모양입니다.

앰네스티의 분류는 사실 앰네스티의 바람이 반영된 것이라고 볼 수 있습니다. 전 세계에서 사형 제도가 폐지되기를 바라는 마음에서 '실질적 사형폐지국'으로 분류한 것입니다. 그러면 해당 국가는 사형 집행에 부담감을 가지게 될 테고 그래서 실제로 사형 제도가 폐지되는 결과로 이어지지 않겠냐는 것이지요.

그러나 이는 앰네스티의 분류일 뿐이고 우리나라에는 여전히 사형 제도가 유지되고 있습니다. 현재 집행을 기다리고 있는 사형수는 2018년 기준으로 61명입니다.

앰네스티의 자료에 따르면 세계 198개국 중 사형 제도를 유지하고 있는 국가는 56개국이고 142개국이 실질적 또는 완전 사형제 폐지 국가라고 합니다. OECD 국가 중 법률상 사형 제도를 유지하고 있는 국가는 한국, 미국, 일본뿐입니다. 유럽연합 가입 조건으로 사형제 폐지가 명문화되어 있어서 사형제의 폐지는 세계적인 추세로 보입니다.

우리나라에서도 국가인권위원회를 중심으로 감형이나 가석방 없는 종신형으로 사형 제도를 대체하거나, 평시에는 사형 제도를 폐지하고 전쟁 같은 비상 상황에서만 사형 제도를 적용하는 등의 절충안이 제시되고 있습니다.

사형 제도 찬반 논쟁, 여러분은 어떤 의견인가요?

생각해 볼 문제

Q. 사형 제도가 지니고 있는 장점과 문제점에 대해 정리해 봅시다.

Q. '인간이 다른 인간을 합법적으로 죽일 수 있는 제도는 허용될 수 없다'는 주장에 대해 어떻게 생각하나요?

근대 형법의 시작, 『범죄와 형벌』

1761년 프랑스의 툴루즈에 상인인 칼라스 가족이 살고 있었습니다. 도시 전체가 가톨릭교를 믿는 분위기였지만 칼라스 가족은 개신교 신자들이었기 때문에 주변의 질시가 심했습니다. 특히 큰아들은 종교 때문에 꿈꾸던 공직자가 될 수 없어서 고민하다가 자신의 방에서 목을 매어 자살했습니다.

아들의 시신을 처음 발견한 아버지 칼라스는 자살이 금기시되는 가톨릭교의 계율에 의해 아들이 죽은 후에도 곤욕을 치르게 될 것이 두려워 뒤늦게 달려온 이웃들과 경찰에게 "괴한에 의해 살해되었다"라고 거짓말을 했습니다.

하지만 개신교도였던 칼라스 일가를 마뜩찮게 여겼던 이웃들은 아들이 가톨릭으로 개종하는 것을 막으려고 아버지가 죽인 것이 아니냐며 몰아붙였고 경찰은 즉시 칼라스와 그 가족들을 모두 체포했습니다.

사태가 심상찮게 돌아가자 칼라스는 자신이 거짓말을 했다고 자백했습니다. 그러나 이미 칼라스 일가의 죄를 확신한 경찰은 계속해서 고문을 가했습니다. 결국 고문을 견디지 못하고 허위로 자백한 칼라스에게 사형이 집행되었고 모든 재산이 몰수되어 가족은 풍비박산이 나게 되었습니다.

칼라스의 부인은 파리의 변호사와 지식인들을 만나 억울함을 호소했습니다. 당대의 유명인이었던 볼테르가 본격적으로 진상 규명을 요구하는 수많은 글들을 쓰면서 사건은 재심에 들어가게 되었습니다.

결국 대법원에서 칼라스는 무죄이며 아들은 자살한 것으로 판결이 번복되었습니다. 그러자 이번엔 수사 결과를 바탕으로 사형을 판결했던 판사가 죄책감에 목숨을 끊는 비극이 벌어졌습니다.

이 사건은 유럽 전역에 큰 파장을 불러일으켰고 고문, 처벌을 중심으로 하는 기존의 형법 체계를 바꿔야 한다는 요구가 커지게 되었습니다. 이러한 배경에서 등장한 책이 체사레 베카리아의 『범죄와 형벌』입니다.

국가의 형벌권은 재산을 몰수하고 감옥에 가두며 심지어 목숨까지 빼앗을 수 있는 강력한 권한입니다. 『범죄와 형벌』에서는 형벌권이 국가 혹은 국왕이 국민들을 통제하기 위해 일방적으로 행사하는 통치 수단으로 여겨져 왔지만 실은 국민들이 스스로의 권리를 지키기 위해 만든 사회계약의 산물이라고 주장합니다.

따라서 강력한 처벌보다 더 중요한 것은 형벌권의 남용으로 개인의 인권이 침해되지 않도록 형벌권을 통제하는 것이라고 보았습니다. 그리고 죄와 형벌을 국민의 대표들이 만든 법에 정해진 바에 따르도록 제한해야 한다는 '죄형법정주의'를 선언합니다.

이에 따르자면 아직 유죄로 확정되지 않은 피의자는 무죄로 추정되어야 하기 때문에 고문을 가하는 것은 엄격히 금지해야 할 일이 됩니다.

또한 개인들이 계약 과정에서 자신의 생명을 계약 대상으로 내놓을

리도 없으므로 사형 제도는 사회계약의 범위를 넘어선 것이니 폐지해야 한다는 주장도 펼칩니다.

이 책의 내용들은 현대 형법의 근간을 이루는 여러 가지 원칙들을 만들어냈습니다. 하지만 여전히 '열 명의 도둑을 놓치더라도 한 명의 억울한 사람을 만들지 마라'는 베카리아의 관점에 대해 '한 명의 억울한 희생자가 생기더라도 열 명의 도둑을 잡는 편이 사회에 도움이 된다'는 주장을 펴는 사람들도 있습니다.

여러분의 생각은 어떤가요?

4장

법을 지킨 사람들,
정의를 세운
사람들

1
법관의 조건
김병로 대법원장

✎ 법을 다룬다는 일의 무거움

2019년 4월 우리나라 헌법재판소는 낙태한 여성과 시술한 의사를 처벌하는 형법 조항에 위헌 결정을 내렸습니다. 여성의 자기 신체에 대한 결정권이 크게 신장되는 역사적인 결정에 많은 사람들이 기뻐했습니다.

이보다 앞선 2005년 헌법재판소는 여성차별적인 호주제에 위헌 결정을 내려 남녀가 평등한 가족 제도로 나아가는 데 큰 역할을 했고, 1997년에는 동성동본의 결혼을 금하는 조항에 위헌 결정을 내려 인권신장의 계기를 마련했다는 평가를 받기도 했습니다.

이렇게 헌법재판소의 위헌법률심사 결정은 많은 사람들의 지지를 받고 있습니다. 하지만 역사상 첫 번째 위헌법률심사 사건이라고 할 수 있는 미국 연방대법원의 마버리 사건 판결이 내려졌을 때는 의외로 많은 사람들이 분노했습니다.

최고의 법인 헌법에 비추어 법률이 어긋나는지를 판단한다는 취지 자체는 옳은 것이라고 할 수 있습니다. 문제는 그 판단을 누가 하는가입니다. 법률은 국민의 대표인 국회의원들이 모여 국민의 의사를 대신하여 만든 것인데 수백 명의 대표들이 만든 법률을 단지 법 전문가에 불과한 아홉 사람이 폐기를 결정할 권한이 있는가 하는 문제 제기였습니다. 이를 '대표성의 문제'라고 부릅니다.

판사는 시험을 통해 선발된 법 전문가라서 법의 내용에 관해서는 잘 알고 있을지 몰라도, 국민이 뽑은 사람이 아니기 때문에 국민들에게 중요한 영향을 미치는 법을 만들고 고치거나 혹은 정책을 결정할 권한은 없다는 것이지요. 따라서 법관의 판단은 개인의 가치관에 좌우되어서는 안 됩니다. 엄격하게 국민의 대표들이 만든 법률에 따라 이루어져야만 합니다.

'법관은 법을 말하는 입이다'라는 법언이 있습니다. 이는 철저하게 법률에 근거하여 행동하고 판단해야 하는 법관의 제한적 입장을 강조한 말입니다. 하지만 이러한 원칙에도 불구하고 개별 사건에서 법적 판단을 내리는 과정에 개인의 이해관계나 가치관, 정치적 외압 등을 완전히 배제하기란 말처럼 쉬운 일이 아닙니다.

법관들이 입는 법복이 종교 기관의 사제, 목사님들이 입는 옷과 닮은 것은 국민과 국민을 위한 법을 종교처럼 따르라는 무언의 요청을 담았기 때문인지도 모릅니다.

그렇다면 올바른 법관, 훌륭한 법관은 구체적으로 어떤 조건을 갖춘 사람을 말하는 것일까요? 가장 훌륭한 법관의 모델을 찾아 그분이 지닌 여러 품성들을 살펴보는 것이 가장 좋은 방법일 것 같습니다.

우리나라의 법조인들이 이구동성으로 꼽는 가장 존경받는 법조인이 있습니다. 바로 대한민국의 초대 대법원장을 맡았던 가인 김병로입니다.

🖋 오직 정의의 변호사로서 살다

김병로 선생은 한말의 격동기였던 1887년에 태어났습니다. 불과 6년 후인 1894년에 동학농민운동*과 갑오개혁*이 있었고, 1905년에는 일본이 우리나라의 국권을 빼앗은 을사조약이 맺어졌으니 500년 조선왕조의 끄트머리에서 나라와 국민들 모두 가쁜 숨을 몰아쉬던 어지러운 시기였습니다.

대대로 선비인 집안에서 태어났으나 일찍 아버님이 돌아가셔서 겨우 아홉 살 되던 해에 가장이 된 그는 집안의 전통대로 당대의 유학자였던 간재 전우 선생님의 문하에 들어가 유학을 공부했습니다. 하지만 1905년 을사조약으로 국권을 빼앗기자 열여덟 살의 나이로 의병부대에 합류해서 싸웠습니다.

의병 활동이 실패로 돌아가자 제대로 싸우기 위해서는 신학문을 익혀야겠다는 생각으로 늦은 나이에 다시 신식 교육을 하는 창흥학교에 입학해서 공부를 하게 되었습니다. 그러다 우연한 기회에 일본 군함을 견학하면서 그 엄청난 위용을 보고 신학문의 중심지인 일본에서 공부를 해야만 한다는 생각에 다시 일본 유학을 결심하게 됩니다.

동학농민운동
1894년 전라도 고부의 전봉준 등을 지도자로 동학교도와 농민들이 합세하여 일으킨 반봉건·반외세 운동.

갑오개혁
1894년 7월부터 1896년 2월까지 추진되었던 개혁운동.

일본으로 건너가 몇 년간에 걸쳐 법을 공부하고 돌아온 그의 앞에는 넓고 탄탄한 성공가도가 열린 듯했습니다. 일본에서 명문 법과대학을 졸업하고 돌아온 인재이니 판사가 되어 출세할 수도 있었고 변호사로 큰 돈을 벌 수도 있었습니다. 대학에서 교수직을 맡아달라는 요청도 많았습니다.

하지만 그는 모든 유혹을 뿌리치고 독립운동가들을 위해 무료 변론을 펼치는 가시밭길을 택했습니다. 자신의 호를 나라 없이 길거리에서 방황하는 사람이라는 의미로 '가인(街人)'이라고 지은 것도 독립을 향한 결연한 의지를 잊지 말자는 뜻이었습니다.

그가 일본인 판사 앞에서 "피고인들이 마음에 독립을 품었다는 이유로 이들을 처벌하려면 조선인 전체를 처벌해야 할 것이다"라고 외치는 당당한 모습에 많은 이들이 통쾌함을 느꼈다고 합니다.

김병로 선생은 변론, 경제적 지원 등을 통해 독립운동가들을 간접적으로 돕는 데 그치지 않고 직접 독립운동에 참여하기도 했습니다. 1927년 신간회를 만드는 데 참여하고 1929년 광주학생항일운동을 조사하는 활동으로 독립의 목소리를 높여나가자, 일본 당국의 주목과 감시 대상이 되었습니다.

결국 그는 여러 차례 변호사 면허정지와 처벌을 받은 끝에 1932년부터는 아예 활동이 불가능해졌습니다. 그러자 가족을 이끌고 시골로 내려가 13년간 은거하며 농사를 지으며 때를 기다립니다.

해방 후 1948년 대한민국 정부가 수립되었을 때 국가의 중요한 뼈대가 되는 사법부를 누가 맡을 것인지가 의제로 떠올랐습니다. 모든 사람들의 의견이 법적인 전문성으로 보나 독립운동 경력으로 보나 누구도 따를 수 없는 신뢰를 받고 있었던 김병로 선생이 맡는 게 당연하다는 쪽으로 모였다고 합니다.

당시 대통령이었던 이승만은 타협 없이 강직한 김병로의 성격이 부담스러워서 임명에 반대했으나 국무위원들이 만장일치로 추천하는 바람에 임명하지 않을 수 없었다고 합니다.

이승만의 예상은 틀리지 않았습니다. 이승만 대통령이 정권 연장을 위해 법을 무시하고 잘못된 일을 할 때마다 김병로 대법원장은 법을 근

+ 더 알아보기 광주학생항일운동

1929년 10월 30일 광주에서 나주로 가는 통학열차 안에서 일본인 학생들이 우리 여학생들을 희롱하자 분을 참지 못한 다른 학생들이 달려들어 패싸움이 벌어졌다. 처음엔 학생들 간의 싸움이었지만 일본 경찰이 일방적으로 일본인 학생들을 편들며 조선인 학생들을 구타했다. 그러자 이에 분노한 광주의 고등학생들이 가두시위를 벌이면서 항일운동으로 사태가 확대되었다.

광주 지역의 여러 학교 학생들이 함께 시위에 참여하면서 격렬한 양상으로 진행되자 일제는 광주 시내 모든 중등학교에 휴교령을 내리고 시위 참여 학생 수십 명을 구금하였다. 하지만 이 소식이 알려지자 인근 목포와 나주에서도 시위가 일어났고 이듬해 1월에는 서울을 비롯한 전국적인 항일운동으로 확산되었다. 이러한 시위의 진행과 확산 과정에서 김병로가 주축이 된 신간회가 핵심적인 역할을 담당했다.

일제의 공식 자료상으로도 당시 중등학교에 재학 중이던 전국 학생 8만 9,000명 가운데 60퍼센트인 5만4,000명이라는 어마어마한 숫자의 학생들이 이 시위에 참여했다.

5개월간 진행된 끝에 1930년 3월 1,600명 구속, 580명 퇴학, 2,330명 무기정학이라는 대대적인 처벌과 함께 잦아들었다. 3.1운동 이후 최대 규모의 시위였으며 이후 여러 항일투쟁에 큰 영향을 준 사건이었다.

1957년, 정의를 목숨보다 소중히 여겼던 김병로 대법원장의 퇴임식.

거로 정면으로 문제를 제기했습니다.

대통령의 권력이 막강하던 당시로서는 목숨을 걸어야 할 만큼 위험한 일이었습니다. 그러나 정의를 목숨보다 중요하게 여겼던 김병로 대법원장은 법의 원칙을 지키고 사법부의 독립을 보호하는 데 거침이 없었습니다. 덕분에 사법부 판사들은 권력자들의 눈치를 보지 않고 소신껏 판결을 내릴 수 있어 국민들로부터 신뢰를 받았습니다.

이승만 대통령은 자신에게 불리한 판결을 연달아 내리는 사법부에 압박을 가할 의도로 법원의 판결에 문제가 있다는 발언을 노골적으로 했습니다. 그러자 김병로 대법원장이 판사들을 보호하기 위해 대통령에게 면박을 주며 "이의 있으면 항소하시오"라고 말했던 것은 유명한 일화입니다.

1957년 69세로 대법원장직에서 정년퇴임을 할 때 퇴임사로 남긴 말은 김병로 선생이 평생에 걸쳐 추구했던 가치를 잘 보여줍니다.

"법관은 최후까지 오직 '정의의 변호사'가 되어야 한다!"

✍ 명예로운 가난을 택하다

법관이 거대한 권력과 맞서 싸우기 위해서는 스스로 한 점 부끄러움이 없어야만 한다는 것이 김병로 선생의 믿음이었습니다. 내 주장이 아무리 옳다 해도 그 말을 하는 나 자신에게 흠이 있다면 제대로 다른 사람을 설득할 수 없기 때문입니다. 그래서 김병로 선생은 평생 가난한 삶을 살았습니다.

집안의 재산은 자신의 의병활동 비용과 일본 유학에 대부분 소진되었습니다. 그렇게 얻은 학벌을 바탕으로 큰돈을 벌 수 있는 변호사가 되었음에도 오히려 독립운동가들의 무료 변론을 주로 맡았으니 재산이 쌓일 틈이 없었습니다.

생활이 곤궁해진 독립운동가들이 찾아오면 생활비를 챙겨주었기 때문에 가족들은 늘 가난했습니다. 나중에 독립운동 단체인 신간회를 이끄는 과정에서는 살고 있던 집을 팔아서 운영비를 충당하기도 했습니다.

대한민국 초대 대법원장이라는 높은 자리에 오른 후 그의 근검과 청렴은 오히려 더 엄격해졌습니다. 법원 내의 난방은 영하 5도 이하로 내려갔을 때만 허용했기 때문에 직원들은 얼어붙은 잉크병을 난로에 녹여 글씨를 써야 할 정도였다고 합니다. 자신 또한 연필이 3센티미터가 되어 도저히 손으로 잡을 수 없는 지경이 될 때까지 썼으며 화장실에서는 화장지 대신 신문을 잘라 만든 종이를 썼습니다. 심지어 대법원장의 도장이 반토막 나자 새로 도장을 만들려는 직원을 만류하고 손잡이가 부러져도 도장 찍는 데는 아무 문제가 없다며 반토막 도장을 그대로 쓰기도 했습니다.

그가 이렇게 뼈를 깎는 절약을 한 것은 국민들이 낸 피 같은 세금으로 살아가는 공직자가 솔선수범을 해야 한다는 믿음 때문이었습니다. 국산 종이와 잉크의 품질이 좋지 않아 중요한 법률 문서만이라도 수입 종이를 쓰면 안 되겠냐고 어느 판사가 묻자 이렇게 답했다고 합니다.

"나라를 찾은 지 얼마나 됐다고…. 국록을 먹는 우리가 아니면 우리 산업은 누가 키웁니까."

근검절약보다 더 힘든 것은 판사를 비롯한 법원 구성원들의 월급이 턱없이 적었다는 것입니다. 고위 공무원인 법관들의 월급이 겨우 쌀 세 가마니값 정도였으니 가족을 부양하고 아이들의 학비를 대기도 힘들 정도의 박봉이었습니다.

이렇게 월급이 적은 것은 국민의 세금을 아끼자는 뜻만 있었던 것은 아닙니다. 월급을 올리기 위해서는 정부나 국회에 예산증액을 요청해야 하는데 이렇게 부탁을 하게 되면 그 대가로 사법부의 독립성이 위협받을 우려가 있었기 때문입니다.

어느 판사가 생계가 어려워서 도저히 안 되겠으니 판사를 그만두고 변호사 개업을 하겠다며 대법원장실을 찾아왔습니다. 그러자 그의 손을 붙들고 이렇게 말했다고 합니다.

"정말 미안하오. 하지만 나도 죽을 먹고 살고 있소. 우리 조금만 더 버팁시다."

1950년 6.25전쟁이 발발했을 때의 일입니다. 국가에서 가장 중요한 세 기관인 행정부, 입법부, 사법부의 수장 즉, 대통령, 국회의장, 대법원장은 최우선 보호대피대상이기 때문에 즉시 관용차가 김병로 선생의 집에 당도했습니다. 이 차를 타고 빨리 피난을 가라는 것이었습니다. 하지만 이런 급박한 상황에서조차 그는 공과 사를 엄격하게 구분하는 태도를 보여서 관용차니 가족들은 태울 수 없다며 따로 피난을 가도록 했습니다.

그런데 남은 가족들끼리 남쪽으로 피난을 가던 중 전남 담양에서 공산군 부대를 만나 선생의 부인이 피살되는 비극적인 사건이 벌어집니다. 대쪽 같은 남편을 만나 평생 고생만 하던 아내를 원리원칙을 지키려다 사지로 내몰았다며 선생의 마음에 평생 상처로 남게 된 사건입니다.

이렇게 어떤 경우에도 결백함을 유지했기 때문에 김병로 대법원장의 판단, 그리고 사법부의 판결에 대한 사회의 신망은 대단히 높았습니다. 심지어 그는 퇴임 후에도 혹시 사법부의 판단에 영향을 줄까 싶어 변호사 개업을 하지 않았습니다. 변호사 사무실에 본인의 이름만 걸어놓아도 큰돈을 벌 수 있었을 텐데 그 유혹을 끝까지 뿌리친 것입니다.

퇴임사에는 청렴에 관한 자신의 신념도 함께 담았습니다.

"사법부의 구성원들에게 지나친 고통을 강요한 것 같아 미안하다. 하지만 나는 정의를 위해 굶어 죽는 것이 부정을 범하는 것보다 수만 배 명예롭다고 믿는다."

🖋 나라의 기틀을 바로 세우다

법관으로서 가장 중요한 것은 전문적인 법적 지식과 판단력일 것입니다. 김병로 선생은 당시 일본의 명문 법과대학이었던 니혼대학, 메이지대학, 주오대학 등을 두루 거치며 법을 정식으로 공부한 우리나라에 몇 안 되는 법 전문가였습니다. 그 방대한 지식을 바탕으로 독립운동가들을 변론할 때도 논리가 정연하고 치밀한 주장을 펼쳤기 때문에 일본 판사들이 혀를 내둘렀다고 합니다.

해방을 맞이한 이후로는 새로이 탄생한 소중한 나라 대한민국의 법적 기틀을 세우기 위해 연구를 거듭했습니다. 1948년 대한민국의 성립과 함께 헌법이 만들어지긴 했습니다. 하지만 해방 후 혼란스러운 상황에서 우리의 법을 제대로 연구하고 만들 틈이 없었기 때문에 민법, 형법 등 주요한 법률들은 모두 일제시대에 쓰던 것을 그대로 빌려서 사용하고 있는 상황이었기 때문입니다.

김병로 선생은 진정한 독립을 이루기 위해서는 하루빨리 우리의 법을 만들어야 한다고 생각했습니다. 1950년 골수암 때문에 한쪽 다리를 절단하는 큰 수술을 받게 되었을 때 좌절하기는커녕 "이제 의자에 앉아서 연구만 할 수 있게 되었으니 잘됐다"라고 말씀하실 정도였습니다.

안타깝게도 바로 그해에 6.25전쟁이 발발하면서 서울이 폭격과 화재로 쑥대밭이 되어 선생이 쌓아왔던 소중한 연구 자료들이 상당수 사라졌습니다. 이로 인해 새로운 법을 만드는 작업은 전쟁 후로 밀리게 되었습니다.

하지만 임시정부 수도였던 부산에서도 꾸준히 자료를 가다듬고 연구를 한 끝에 전쟁 후 3년 만인 1956년에 우리나라 최초의 형법이, 이어서 2년 후인 1958년에는 민법이 만들어지게 되었습니다. 이 외에도 여러 법들에 선생의 노력과 흔적이 남아 있어서 혹자는 가인 김병로를 '한국 사법의 창조자'라고 부르기도 합니다.

법치주의의 원칙을 세우기 위한 김병로 대법원장의 노력은 사사로운 감정과 원한도 뛰어넘었습니다. 앞서 이야기한 것처럼 선생의 부인은 전쟁으로 피난을 가던 중 공산군에 의해 참혹한 죽음을 맞이했습니다. 당연히 선생의 마음속에는 공산주의자에 대한 원망과 미움이 말할 수 없이 컸을 것입니다. 하지만 대법원장으로서 언제나 반공보다 더 중요한 것은 인권이라는 원칙을 고수했습니다.

국가 안보를 목적으로 만들어지긴 했으나 국민의 기본권을 침해할 여지가 큰 국가보안법 폐지를 앞장서서 주장한 것도 그런 이유에서였습니다. 비록 국가보안법이 공산주의자의 위협으로부터 나라를 지키려는 의도를 갖고 있다 해도 기존의 형법 등으로 그런 문제들을 충분히 예방할 수 있다고 보았습니다.

오히려 그는 국가에 과도한 권한을 부여하면 국민의 인권이 위축될 수 있으므로 폐지되는 것이 마땅하다는 주장이었습니다. 또한 인권을 보호하려면 재판 과정이 신속하게 처리되어야 한다는 생각으로 재판이 이루어지는 기간의 한계를 정하고 빠른 재판을 독려했습니다.

일본보다 사법 제도의 근대화가 늦었던 우리나라가 현재 일본보다 훨씬 빠른 재판 속도로 국민들의 인권 보호에 기여할 수 있게 된 데에는 김병로 대법원장이 세운 원칙이 큰 역할을 했습니다.

1964년 77세를 일기로 세상을 떠난 김병로 선생의 장례는 사회장으로 치러졌습니다. 1월의 혹독한 추위에도 장례가 치러진 시청 앞 광장에서 우이동 묘소에 이르는 길가에는 수만 명의 시민들이 운집하여 선생의 마지막 가는 길을 지켜보았다고 합니다.

묘비에는 선생의 일생을 요약한 글이 이렇게 적혀 있습니다.

시대의 탁류 앞에서는 세 종류의 사람이 나타나는 것이니, 하나는 거기에 굴종하는 사람이요, 또 하나는 피하며 숨어 사는 사람이요, 다른 하나는 그 탁류와 더불어 마주 싸우며 끝까지 지조를 굽히지 않는 사람으로서 이는 만인 가운데서 하나를 만나기도 어려운 것인데, 그같이 쉽게 만나기 어려운 사람으로 모든 겨레의 흠앙 속에서 살다가 애도 속에 가신 이 한 분 계셨으니 가인 김병로 선생이 그이시다.

Q. 김병로 선생이 우리 사회에 끼친 영향을 정리해 봅시다.

Q. 법조인이 갖추어야 할 자질을 목록으로 만들고 여러분은 장차 법조인이 될 만한 자질을 어느 정도 갖추고 있는지 생각해 봅시다.

2
정의는 때로 목숨을 요구한다
지오반니 팔코네 판사

✎ 팔코네 판사의 길을 갈 것입니다

2018년 11월 6일 브라질의 법무장관으로 임명된 세르지우 모루 연방 판사는 법원을 떠나면서 동료 판사들에게 보낸 메시지에 자신의 롤모델로 이탈리아의 팔코네 판사를 들었습니다. 그러면서 "이탈리아 마니 풀리테(mani pulite) 작전을 주도하다가 살해된 팔코네 판사의 길을 따르겠다"라고 선언했습니다.

브라질의 법무장관이 지구 반대편에 있는 이탈리아의 판사를 따르겠다고 말한 까닭은 무엇일까요? '마니 풀리테'는 무엇이고 팔코네 판사는 왜 끔찍한 죽음을 맞이하게 된 것일까요?

이 모든 의문들을 풀기 위해서는 시간을 거슬러 100년 전 이탈리아의 작은 섬 시칠리아로 돌아갈 필요가 있습니다.

법에 관한 이야기를 하자면 그 반대편에 있는 범죄도 등장하게 됩니다. 그중 개개인이 저지르는 범죄보다도 더 뿌리가 깊고 사회에 큰 해악을 미치는 것이 여러 사람들이 단체를 만들어서 저지르는 이른바 '조직범죄'입니다.

범죄의 규모나 피해도 비교할 수 없이 크고 세력이 강해질 경우 경찰 같은 공권력에 위협을 가하는 심각한 사태가 벌어질 수도 있어 어느 나라나 조직범죄 단체에 대해서는 강력한 제재를 가하고 있습니다.

세계에는 많은 범죄 조직들이 있습니다. 중국계로는 삼합회('트라이어드'라고 불리기도 합니다)가 유명하고 일본에는 야쿠자가 있지요. 중남미의 마약 조직들을 통칭하는 카르텔은 국가적인 골칫거리입니다. 우리나라에서는 조직폭력배라는 명칭을 줄여서 속칭 '조폭'이라고 부르기도 합니다. 이런 여러 범죄 조직들 가운데 가장 오래되고 유명한 범죄조직 중 하나가 이탈리아의 마피아입니다.

마피아의 기원에 관해서는 여러 가지 설이 있지만 이탈리아의 시칠리아 섬이 그 발원지라는 점은 공통적으로 인정하고 있습니다.

교통의 요지이자 지중해 무역의 중계 지점에 있었던 시칠리아는 끊임없이 외세의 침략을 받았습니다. 여러 나라가 번갈아 시칠리아를 지배하다 보니 치안이 불안해졌습니다. 따라서 시칠리아 사람들은 언제 섬을 떠날지 모르는 외국의 경찰이나 군대보다는 장막 뒤에서 무력을 행사하는 마피아들을 더 두려워하고 복종하게 되었다고 합니다. 마피아가 실질적으로 섬을 다스리는 어둠의 세력으로 등장하게 된 것이지요.

제2차 세계대전을 거치면서 마피아는 이탈리아 전역은 물론 미국에까지 마수를 뻗치는 거대한 범죄 조직으로 성장했습니다. 전쟁 후에는 규모가 더 커지고 범죄의 양상이 심각해지면서 이탈리아 곳곳에서 사회 문제를 일으켰습니다. 자신들의 이해관계를 위해서라면 앞뒤를 가리지 않고 사람들을 죽였기 때문에 한 해에 200명이 넘는 사람들이 살해되는 지경에 이르렀습니다.

하지만 마피아들은 자금력을 바탕으로 정치인, 법조인, 경찰까지 매수하는 한편 자신들의 뜻에 따르지 않는 사람들은 닥치는대로 암살했기 때문에 이미 아무도 건드릴 수 없는 괴물이 되어 있었습니다.

이탈리아의 미래에 검은 그늘이 드리운 암울한 상황에서 분연히 일어선 사람이 지오반니 팔코네(Giovanni Falcone) 판사였습니다.

✒ 마피아와의 전쟁에 나선 시칠리아 소년

팔코네는 팔레르모 출신입니다. 팔레르모는 시칠리아의 중심 도시로 마피아의 근거지나 마찬가지였습니다. 팔코네 주변의 많은 친구들은 마피아를 두려워해서 마피아와 관련된 일은 모른 척하는 것이 불문율이었고, 이렇게 큰 힘을 가진 범죄 조직원들을 동경해서 마피아가 된 사람들도 적지 않았습니다.

팔코네는 근면과 용기, 애국심을 강조하는 부모님의 교육에 영향을 받아 정의감이 강했으며 다른 친구들을 괴롭히는 아이가 있으면 아무리 덩치가 큰 상대라도 들이받는 성격이었습니다. 당연히 그는 상인들을 갈취하고 폭력을 일삼는 마피아에 적개심을 가지고 있었고, 독실한 가톨릭 신자였던 소꿉친구 파올로 보르셀리노(Paolo Borsellino)도 같은 마음이었습니다. 두 친구는 함께 팔레르모 법대에 진학하여 법을 공부했고 사이좋게 법조인이 되었습니다.

그러나 팔레르모에서 법조인이 된다는 것은 마피아의 뇌물을 받을 것인지 아니면 마피아에게 죽임을 당할 것인지를 선택하는 일이었습니다. 검사가 된 팔코네는 마약 수사 부서에 배치되었는데 이 부서에서 이미 여러 명의 선배 검사들이 마피아에게 살해를 당했고, 팔코네 자신도 수사 과정에서 함께 부임한 동료 검사가 살해당하는 것을 지켜보아야 했습니다.

그러나 팔코네는 굴하지 않고 오히려 수사 강도를 더욱 높였습니다. 그는 범죄자들을 한 명 한 명 쫓는 대신 마피아가 운용하는 돈의 흐름을 쫓는 새로운 수사 기법을 도입했습니다. 미국, 터키, 스위스 등 각국의 수사 기관들과 연계한 대규모 국제 공조 수사를 통해 마침내 팔코네는 74명의 마피아를 체포하여 유죄 판결을 받는 성과를 거두었습니다.

하지만 그가 성과를 올릴수록 마피아의 방해와 살해 위협도 높아졌습니다. 팔코네는 제대로 된 인력과 예산도 없이 힘들게 수사를 이어가야 했으며 결혼식 때는 보복을 피하기 위해 가족도 참석하지 못하고 사진 한 장 찍지 못한 채 비밀 결혼을 해야 했습니다.

팔레르모의 젊고 정의로운 법조인들은 서로 정보를 공유하고 누군가 죽더라도 멈추지 않고 마피아 수사를 이어나가기 위해 '반마피아 연합(antimafia pool)'을 구성했습니다.

계란으로 바위 치기 격에, 자살 공격대 같은 비장함마저 보이는 이 연합에 뜻있는 법조인들이 속속 합류했고, 그 가운데 평생의 친구 보르셀리노도 있었습니다. 본격적으로 법조인들과 마피아와의 전쟁이 막을 올리게 된 것입니다.

반마피아 연합을 이끌던 친니치 판사가 1983년 살해당하고, 뒤를 이어 경찰의 마피아 체포팀을 이끌던 팔코네의 친구 카사라 경관도 살해당하자 팔코네와 반마피아 연합은 이 사건들에 대한 수사를 통해 대반격에 나섭니다.

역사상 최대 규모의 마피아 재판이었기 때문에 '대재판(maxi trial)'이라고 불린 이 재판을 여는 데는 많은 준비가 필요했습니다. 대전차로켓 공격에도 버틸 수 있는 철근콘크리트 벙커 재판정이 만들어졌고 출입을 통제하는 금속탐지기 검색대가 마련되었으며 기관총으로 중무장한 헌병대가 재판정을 둘러쌌습니다.

피고인들은 모두 이 구치소 겸 재판정에 수감되었으며 암살을 피하기 위해 판사들도 이 안에서 숙식을 해결했습니다. 이도 부족해서 재판 도중 판사가 암살당하는 사태에 대비하여 예비 판사 두 명이 법정에 대기할 정도였습니다.

1986년 2월부터 이듬해 12월까지 약 2년간에 걸친 재판 결과 474명의 마피아 피고인 가운데 360명에게 유죄 판결이 내려졌고 총 선고된 징역 형량은 2,665년에 달했습니다.

이 재판은 이탈리아 사회에 커다란 반향을 불러일으켰습니다. 이제까지 마피아 범죄는 어쩔 수 없는 일이라며 체념하던 사람들이 법과 제도를 통해 마피아를 뿌리뽑을 수 있을 거라는 기대를 갖기 시작한 것입니다. 하지만 마피아의 뇌물을 받은 부패한 정치인들은 오히려 팔코네 판사를 탄압하기 시작했습니다.

마피아 재판에 큰 공을 세운 팔코네가 당연히 팔레르모 수석검사장에 오를 거라고 모든 사람들이 예상했지만 부패 정치인들의 농간으로 엉뚱한 인물이 그 자리에 올랐습니다.

새로 임명된 수석검사장은 마피아들의 바람대로 2년간 많은 이들이 목숨을 걸고 이루어놓은 대재판의 결과들을 부정하거나 뒤집기 시작했습니다. 60명을 빼고 모두 석방해 버렸고, 남은 60명마저도 병을 핑계로 교도소 대신 병원에서 요양하며 편한 생활을 하게 되었습니다.

팔코네는 수석검사장 자리에서 밀려나 교통사고나 이혼 등 사소한 사건을 다루는 자리로 좌천되었는데, 이에 실망한 나머지 팔레르모 검사직을 사임했습니다. 잠시나마 기대를 가지고 흥분했던 이탈리아인들도 참담한 결과에 좌절하고 예전처럼 무관심을 가장한 두려움에 휩싸여 마피아에게서 눈을 돌렸습니다.

✒ 비극적 죽음에 이은 희망의 움직임

하지만 팔코네는 포기한 것이 아니었습니다. 팔레르모의 공직에서는 사임했지만 중앙정부가 있는 로마로 가서 법무부 소속으로 일하기 시작했습니다. 부패한 판사들이 석방한 마피아 두목들을 다시 체포하고 마피아를 대상으로 한 조직범죄 수사 기관을 강화했습니다.

궁지에 몰린 마피아들은 상상도 못할 방법으로 팔코네에게 복수를 했습니다. 그가 주말에 팔레르모의 집으로 돌아오는 타이밍을 노려 그의 차가 지나는 고속도로 아래에 400킬로그램이나 되는 폭탄을 묻어 도로 전체를 폭파해 버린 것입니다.

이 테러로 팔코네와 아내, 그리고 경호를 맡았던 세 사람의 경찰관이 사망했습니다. 그가 진행하던 일은 반마피아 연합 법조인들이 약속한 대로 팔코네의 뜻을 잇기 위해 친구 보르셀리노가 이어받아 수사를 계속해 나갔습니다.

하지만 마피아들은 더 이상 공권력과 법을 두려워하지 않는 괴물로 변해 있었습니다. 그들은 팔코네가 죽은 지 불과 57일 만에 다시 자동차 폭발테러를 일으켜 보르셀리노와 다섯 명의 경찰관도 살해했습니다.

이런 끔찍한 일을 저지른 마피아들은 숙적 팔코네와 경관들이 사망한 것을 축하하는 파티를 열었다고 합니다. 엄청난 테러들을 저질러 겁을 주었으니 이제 목숨이 아까워서라도 자신들에게 맞설 법조인은 없을 테고 완전히 자신들의 세상이 왔다고 믿은 것이겠지요.

그러나 사태는 마피아들의 예상과 정반대 방향으로 흘러가기 시작했습니다. 정의와 법을 지키기 위해 싸우던 법조인과 경찰들이 줄줄이 죽어나가는 끔찍한 광경을 지켜본 시민들이 이제까지의 두려움과 무관심을 걷어내고 팔코네와 보르셀리노를 위해 일어서기 시작한 것입니다.

팔코네의 장례식은 전국으로 생중계되었고 이를 위해 모든 정규 프로그램들이 중단되었습니다. 의회는 이날을 애도의 날로 지정했습니다. 이를 계기로 전국에서 마피아들의 처벌을 요구하는 시위와 노동자들의 파업이 일어나자 정부도 더 이상 뒷짐을 지고 있을 수 없었습니다.

사법당국에서는 팔코네 살해를 지시한 마피아 두목을 체포했습니다. 예전이라면 아무도 증언하지 않으려 해서 증거불충분으로 풀려났겠지만 팔코네와 보르셀리노의 죽음에 분노한 용감한 시민들의 잇따른 증언에 힘입어 종신형에 처해졌습니다. 이 사건에 관련된 다른 마피아들도 처벌을 피할 수 없었습니다.

검찰도 마피아와 정치인, 공직자들의 부패한 거래를 본격적으로 추적하기 시작했습니다. 마피아의 부정한 돈을 받은 사람들에 대한 대대적인 수사가 진행되어 자그마치 6,000여 명이 수사를 받고 이 중 2,993명이 부패 혐의로 체포되었습니다.

이 대대적인 수사 과정은 뇌물을 받는 더러운 손을 추방하는 운동이라는 의미에서 이탈리아어로 '깨끗한 손'이라는 뜻을 가진 '마니 풀리테'로 불렸습니다. 이 수사를 이끈 피에트로 검사는 국민적인 영웅으로 떠오르기도 했습니다.

더 나아가 시민들은 아디오피초(addiopizzo)라는 저항운동도 벌였습니다. '피초'는 상인들이 마피아에게 보호비 명목으로 내는 상납금으로, 마피아들의 주요한 수입원 중 하나였습니다. '아디오'는 이탈리아어로 '안녕'이라는 뜻이니 더 이상 마피아들에게 상납금을 내지 않겠다는 용감한 선언이었습니다.

두려움 때문에 바치는 상납금이 결국 마피아의 자금원이 되어 더 큰 불법을 만들어내는 악순환을 끊어야 한다는 사실을 모두가 깨닫게 된 것입니다.

+ 더 알아보기 **피에트로 검사와 '마니 풀리테'**

1992년 2월 17일 한 청소업체로부터 뇌물을 받던 정치인에 대한 수사로 시작되었다. 피에트로 검사의 지휘하에 대대적인 조사가 진행되면서 정치인과 기업인 다수가 연루된 대형 부패 사건으로 확대되었다.

수사 결과 전체 국회의원의 25퍼센트인 177명을 포함하여 총 6,000여 명이 수사를 받았고 이 중 2,993명이 부패 혐의로 체포되었다. '더럽지 않은 손은 없다'라며 뻔뻔한 태도를 보이던 정계와 재계의 인물들은 수사의 손길이 조여오자 잇달아 자살하는 일이 벌어지기도 했다.

이 사건을 계기로 유권자들의 의식도 크게 바뀌어 1994년 선거에서는 정치 신인들로 이루어진 포르자 이탈리아가 과반수 의석을 차지하는 이변이 벌어지기도 했다. 부패 청산 수사를 이끈 피에트로 검사는 국민적 영웅이 되었다.

이 사건을 계기로 마피아는 이탈리아 사회에서 더 이상 공공연히 권력을 행사할 수 없는 범죄 집단으로 배척받게 되었습니다.

팔레르모 공항은 용감한 판사들의 고귀한 희생을 영원히 잊지 않겠다는 의미에서 '팔코네-보르셀리노 공항'으로 이름이 바뀌었습니다.

아디오피초 운동의 로고.

📎 영웅과 영웅의 옆에 선 우리들

이 글을 읽고 있는 여러분이 팔코네 판사의 입장이었다면 어떻게 행동했을까요?

다들 그러하듯이 눈 딱 감고 마피아의 돈을 받는다면, 아니, 적극적으로 도울 필요도 없이 모른 척 눈만 감았더라면 수석검사장이라는 높은 자리에도 오르고 큰돈을 벌어 부유하게 살 수도 있었을 것입니다. 반대로 마피아와의 싸움에 나서게 되면 위험하고 가난한 삶, 심지어 목숨까지도 잃을 수 있는, 앞길이 뻔히 보이는 상황입니다.

과연 여러분은 이런 상황에서 팔코네와 보르셀리노처럼 '목숨을 잃더라도 정의를 바로 세우겠다'는 길을 선택할 수 있을까요?

이렇게 생각해 보면 팔코네와 보르셀리노는 보통 인간을 넘어선 특별한 사람, 초인 혹은 영웅으로 여겨지기도 합니다.

부정과 부패, 잘못된 법질서로 어지러운 세상에서 우리는 이 모든 사태를 정리해 줄 영웅을 갈망하게 됩니다. 도저히 풀 수 없을 것처럼 이리 저리 꼬여 있는 문제를 다른 세상에서 신이 내려와 초인적 능력으로 단칼에 해결했으면 하는 바람은 그리스 연극에 문제 해결 기법으로 등장하기도 했지요. 이를 '데우스 엑스 마키나(deus ex machina)'라고 부릅니다. 팔코네 판사는 어쩌면 이런 '영웅'이라는 이미지에 가장 걸맞은 사람처럼 보이기도 합니다.

여러분에게 팔코네 판사의 이야기를 이렇게 자세히 한 이유는 영웅 이야기를 하고 싶어서가 아닙니다. 이탈리아가 마피아의 마수로부터 벗어나는 커다란 변화가 팔코네 판사 혼자의 힘만으로 이루어진 것이 아니라는, 혼자서는 절대로 이룰 수 없었던 일이라는 것을 충분히 이해하기를 바랐기 때문입니다.

그가 아무리 정의롭고 영향력 있는 사람이라 할지라도 혼자였다면 마피아의 총탄 앞에 희생된 이가 한 사람 더 늘어날 뿐이었을 것입니다. 하지만 팔코네 판사에게는 뜻을 같이하는 친구 보르셀리노가 있었고, 함

+ 더 알아보기 데우스 엑스 마키나

고대 그리스극에서는 극의 갈등이 절정에 달해서 도저히 해결할 방법이 없을 듯한 상황에서 기중기 장치를 이용해 신이 하늘에서 내려와 모든 문제를 단박에 해결하는 방식을 택하는 경우가 있었다. '기계 장치(machina)를 통해 등장하는 신(deus)'을 갑자기 극에 등장시키는 것은 관중에게 신비감을 줄 수도 있지만 게으르고 단순한 해결책이라는 이유로 비판을 받기도 했다. 사람들에게 사랑받는 슈퍼 히어로 영화의 주인공들도 초능력을 통해 복잡한 문제들을 해결한다는 점에서 비슷한 맥락에 있다고 볼 수 있다.

께 목숨을 걸고 싸운 '대마피아 연합'의 동료 법조인들이 있었습니다.

마피아에게 살해당하고 또 살해당하면서도 끊임없이 싸움을 이어온 선배 법조인들과 경찰관들이 있었고, 옳은 일을 위해 목숨을 걸라고 가르친 부모님이 있었습니다. 보르셀리노의 죽음에도 굴하지 않고 수사를 이어받아 마니 풀리테를 이끌어갔던 피에트로 검사의 역할도 컸습니다.

이탈리아 사회의 변화는 시민들이 웅크려 있던 동굴을 박차고 나와 함께 더 나은 세상을 외치기 시작했을 때 비로소 시작되었습니다.

시민들이 마피아의 처벌을 주장하며 시위와 파업을 벌이고, 빈 담벼락

마다 '팔코네의 뜻을 잇자'라고 분필로 쓰고, 마피아에 대한 두려움을 떨치고 상납금을 거부하는 거대한 움직임을 만들어냈을 때 마피아의 폭력은 비로소 수그러들기 시작했습니다. 단지 팔코네는 그들의 어두운 동굴을 밝히는 횃불이었고 잠든 양심을 깨우는 종소리였던 것입니다.

법의 목표는 정의를 구현하는 것입니다. 하지만 법만으로 정의가 구현될 수는 없습니다. 법은 옳음을 소중히 여기는 사람들의 관심과 참여가 있을 때 힘을 지닐 수 있고, 그런 힘들이 장작처럼 차곡차곡 쌓였을 때 비로소 정의의 횃불은 타오를 수 있습니다.

팔코네가 알려준 이 소중한 교훈은 지금도 세계 곳곳을 환히 비추고 있습니다. 많은 법조인들이 정의의 힘, 시민들의 양심을 믿고 법을 지키는 좁고 험난한 길을 가겠다고 다짐하고 있습니다.

브라질 신임 법무장관 세르지우 모루의 메시지는 팔코네가 그러했듯이 자신의 몸을 태워 세상을 밝히는 정의의 법조인이 되겠노라는 약속이었던 것입니다.

생각해 볼 문제

Q. 우리의 역사 속에서 부정부패를 막고 공정한 사회를 이루기 위해 노력한 사람들을 찾아봅시다.

Q. 세상을 바꾸는 데 뛰어난 리더와 다수의 여론 가운데 어떤 것이 더 큰 영향을 줄 수 있을까요? 둘의 관계는 어떻게 설정되어야 할까요?

양심의 이름으로
민중의 편에 서다

후세 다쓰지 변호사

✒ 조선 독립은 정당한 요구다

무인도에서 혼자 살아가는 사람에게 법은 별다른 의미가 없을 것입니다. 법은 여러 사람들이 사회를 이루어 함께 살아가려 할 때 필요한 원칙이니까요.

흔히 법의 목적은 '정의'라고들 합니다. 정의란 무엇인가, 정의의 내용이 무엇이 되어야 하는가에 대해서는 여러 가지 주장들이 있습니다. 하지만 적어도 법이 사회라는 존재 위에 발생하는 것임을 생각해 보면 정의는 '다수의 사회 구성원들이 옳다고 생각하는 원칙'이라고 할 수 있을 것입니다.

로마의 법학자 울피아누스는 "정의란 각자에게 그들의 몫을 돌려주려고 하는 의지"라고 말했습니다. 이는 결국 사회 구성원들이 각자 옳다고 생각하는 일들이 모두 이루어지도록 노력하는 것이 정의의 역할이라는 점을 설명한 것입니다. 반대로 이야기하자면 법은 빈부격차, 지위의 높고 낮음과 상관없이 누구에게나 적용되어야 하는 보편적 원칙입니다.

하지만 현실에서 이런 공정하고 보편적인 법 적용을 기대하기란 쉽지 않은 일입니다. 법이 권력이 있는 사람에게 유리하다는 의미에서 법조인들을 두고 '권력의 시녀'라고 비난하기도 하고, 돈이 있으면 무죄로 풀려나고 돈이 없으면 벌을 받기 쉽다는 뜻인 '유전무죄 무전유죄'라는 말이 유행했던 적도 있습니다.

최근 전 세계적으로 국경을 강화하고 자국민의 이익을 우선시하는 보수주의가 득세하면서 이민자 혹은 외국인에게도 똑같은 법적 권리를 보장해야 하는지가 사회적인 이슈로 등장하고 있습니다.

이성과 논리로만 따지자면 똑같이 존엄성을 지닌 인간으로 대우하는 것이 당연할 것 같지만, 그들의 권리를 적극적으로 보장하는 것이 내게 손해가 될 것을 알면서도 굳이 그렇게 해야 할까 주저하게 되는 것도 사실입니다.

하지만 민주사회를 지탱하는 법의 가치는 양심의 이름으로 약자들의 편에 선 사람들의 희생과 노력으로 그 빛을 유지해 왔습니다. 이 꼭지에서는 약육강식의 비정한 논리가 세상을 뒤덮었던 100년 전 일제강점기에 법과 정의에 대한 신념으로 평생을 민중의 편에서 싸운 한 일본 변호사의 이야기를 전할까 합니다.

2019년은 1919년 3.1운동이 일어난 지 꼭 100년이 되는 해입니다. 3.1운동은 시민들의 힘으로 제국주의를 거부하고 새로운 세상을 열어나가려고 했다는 점에서 우리나라의 민주주의, 시민사회의 등장을 알린 역사적인 사건이라고 할 수 있습니다.

이를 계기로 독립을 열망하는 우리 민족의 의지가 세계적으로 알려져 중화민국의 성립에 결정적인 계기가 된 중국의 5.4운동에 영향을 주기도 했습니다. 해방 후에는 3.1운동이 대한민국의 정신적 뿌리 역할을 하면서 제헌헌법부터 현행 헌법까지 헌법 전문에 기록되고 있습니다.

3.1운동보다 한 달 정도 앞선 2월 8일, 일본의 도쿄에서 유학하고 있던 조선인 유학생들의 2.8독립선언이 있었습니다. 엄혹한 시대에 제국주의의 수도에서 벌어진 이 사건은 일본인들의 간담을 서늘하게 하고, 이후 3.1운동에도 힘을 더해주었습니다. 하지만 선언을 주도한 학생들 입장에서는 목숨을 건 모험이었습니다. 관련자들은 모두 체포되어 포승줄에 묶여 재판정에 서게 되었습니다.

판사들이 일본제국에 저항한 식민지의 젊은이들을 금방이라도 잡아먹을 듯이 내려다보는 가운데, 이들의 곁을 지킨 변호사는 기가 죽어 용서를 빌기는커녕 학생들 못지않은 큰소리로 질타를 가했습니다.

"재판관은 조선을 무엇이라 생각하는가? 조선 독립은 정당한 요구이며, 오히려 그들을 탄압하는 것 자체가 위법이다!"

더 놀라운 것은 그 변호사가 일본인이었다는 점입니다. 우리나라가 국권을 빼앗긴 지 10년이 되어가는 시점에서, 그 심장부인 일본의 법정에서, 판검사와 경찰을 비롯한 수많은 사람들이 지켜보는 가운데 당당히 조선의 독립이 정당한 요구라고 공공연히 선언한다는 것은 변호사 자신이 처벌을 받을 것을 각오하지 않으면 할 수 없는 과감한 주장이었습니다.

일본인이기에 앞서 정의와 양심을 지닌 인간으로 살고자 했던 인권변호사, 그의 이름은 후세 다쓰지(布施辰治)였습니다.

✏ 약하고 옳은 자를 위한 다짐

1880년 미야기현에서 태어난 후세 다쓰지는 일본을 대표하는 법학부 중 하나인 메이지 법률학교를 졸업하고 이듬해에 바로 판검사 등용 시험에 합격했습니다. 합격 시 그의 나이가 불과 스물 세 살이었으니 개인적인 능력도 출중했다고 할 수 있습니다. 젊고 능력 있는 법조인 후세의 앞길에는 밝은 미래만 펼쳐질 것으로 보였습니다.

하지만 그는 어려서부터 묵자의 겸애(兼愛)사상, 톨스토이의 평화사상에 깊이 영향을 받았습니다.

묵자는 중국의 춘추전국시대에 등장한 사상가입니다. '국가 간의 전쟁시대'라는 뜻의 '전국시대(戰國時代)'라는 이름이 보여주듯이 당시는 크고 작은 국가들이 먹느냐 먹히느냐 하는 치열한 전쟁 상태였습니다. 약자인 일반 민중은 불안과 공포 속에 살아갈 수밖에 없었습니다.

묵자는 전쟁, 그리고 부당한 국가권력에 저항하기 위해 서로서로 돕고 뭉치는 공동체가 만들어져야 한다고 생각했습니다. 그래서 인간의 삶에서 가장 중요한 것은 지위고하를 막론하고 모든 사람을 차별 없이 사랑하는 겸애를 실천하는 것이라고 주장했습니다. 세상에 전쟁과 혼란이 끊이지 않는 것은 사람들이 서로를 사랑하지 않기 때문이라고 본 것입니다.

톨스토이의 사상도 마찬가지였습니다. 신분제도하에서 고통받는 농노들의 삶을 외면할 수 없었던 톨스토이는 자신의 영지에 있던 농노들을 해방시키고 이들의 삶을 개선하기 위해 노력했습니다. 자비, 비폭력, 금욕을 강조하는 그의 평화사상은 세계의 많은 이들에게 영감을 주었습니다. 또한 인도의 성인(聖人)으로 불리는 간디가 '비폭력 무저항 운동'으로 영국에 맞서는 데 결정적인 영향을 주기도 했습니다.

이런 높은 이상을 오랫동안 품고 있던 후세 다쓰지 역시 항상 더 낮고 가난한 사람들의 삶에 가슴 아파했습니다. 열다섯 살 무렵 동네에 살던 군인이 아이들 앞에서 총과 칼로 적군을 죽이는 전쟁무용담을 펼칠 때도 그는 흥분하던 친구들과 달리 눈살을 찌푸리며 거부감을 느꼈습니다. 그 군인이 자랑한 이야기가 주로 조선에서 동학농민운동을 진압하며 농민군을 학살하던 내용이었기 때문입니다.

오히려 후세 다쓰지는 조선의 처지에 안타까움을 느끼고 나중에 자신에게 힘이 생기면 조선인들을 돕고 싶다는 생각을 갖게 되었습니다.

법관이 된 지 얼마 되지 않은 1911년, 그는 자신의 생각을 담아 조선 독립을 지지하는 논문인 「조선독립운동에 대하여 경의를 표함」이라는 글을 썼습니다. 엘리트 계층이라고 할 수 있는 법관이 이런 글을 썼으니 당연히 사회적 문제가 되었고 후세는 경찰의 조사를 받는 등 고초를 겪습니다.

이 일을 계기로 범죄자의 죄를 묻는 검사 생활이 자신에게 맞지 않는다고 생각한 후세는 검사직을 사임하고 변호사로 개업했습니다. 얼마 지나지 않아 탁월한 능력을 인정받으며 사회적으로 성공한 변호사로 자리를 잡았습니다. 하지만 성공이 커져 갈수록 이렇게 안락하게 살아가는 것이 자신의 길이 아니라는 생각에 고민을 거듭하게 됩니다.

결국 후세는 40세가 되던 시점에 더 이상 돈을 버는 변호사가 아닌 사회운동을 하는 변호사로 살아가겠다는 결심을 밝힌 「자기 혁명의 고백」이라는 글을 선언문의 형태로 발표합니다. 이 글에서 일본 국내의 사회문제뿐 아니라 조선인의 문제에도 개입하겠다고 말했지요.

이렇게 후세 다쓰지 변호사의 조선인을 위한 싸움은 본격적으로 막을 올리게 됩니다.

법조인으로서의 안정된 삶과 경제적 이득, 사회적 지위 등 자신이 가진 모든 기득권을 던져버리는 선택에 고민이 없었을 리 없습니다. 그의 아들이 남긴 기록에 의하면 아버지 후세 다쓰지는 이즈음 자주 서재 벽에 건 톨스토이의 사진 앞에서 두 손을 모으고 고개를 숙여 낮은 목소리로 이런 다짐을 하곤 했다고 합니다.

"부디 약하고 옳은 자를 위해 저를 굳세게 해주십시오."

✒ 광기에 맞선 이가 걷는 고난의 길

1923년 9월 1일 도쿄를 중심으로 한 일본 관동 일대에 진도 7.9의 강진이 발생합니다. 마침 점심을 준비하느라 집집마다 불을 때고 있던 상황이라 주로 목조로 이루어진 일본 주택들은 삽시간에 큰불에 휩싸였습니다. 결국 사망자 14만 명, 이재민 340만 명이라는 어마어마한 피해를 남겼습니다. 이것이 일본 역대 최악의 지진 중 하나로 기록되어 있는 관동대지진입니다.

극도의 치안 불안 속에 계엄령을 선포한 일본 당국은 주로 경찰망을 통해 '조선인이 폭동을 일으킨다' '조선인이 방화하였다' '우물에 조선인이 독을 넣었다'는 등의 유언비어를 퍼뜨려 불안을 무마시키려 했습니다. 그러자 울분을 풀 곳을 찾고 있던 일본인들은 자경단을 조직하여 조선인들을 무작위로 살해하기 시작합니다.

자경단은 죽창과 낫 등을 들고 다니다가 조선인인 듯한 사람이 보이면 무조건 붙잡아놓고 조선인들이 제대로 발음하기 어려웠던 '15엔 50전(쥬

고엔 고쥬센)'을 일본어로 발음해 보라고 강요했습니다. 그리고 발음이 어색하다 싶으면 가차 없이 죽였다고 합니다. 이로 인해 약 6,000명 이상의 조선인들이 억울한 죽임을 당했습니다.

후세 다쓰지는 이런 광기 어린 학살에 분노하여 뜻있는 변호사들을 모아 '자유법조단'을 구성해 활동에 나섰습니다. 이들의 주된 목적은 조선인들이 더 이상 피해를 입지 않도록 보호하는 한편, 학살에 관련한 군경의 책임을 묻는 소송을 벌이는 것이었습니다. 또한 일본인의 한 사람으로서 이런 엄청난 비극에 대한 사죄의 마음을 담은 편지를 《조선일보》와 《동아일보》에 보내기도 했습니다.

그러나 일본 당국은 여기에 머무르지 않았습니다. 사회적 불안의 책임을 조선인들에게 떠넘기기 위해 조선인이 일왕을 암살하려는 음모를 꾸몄다는 엄청난 사건을 조작했습니다. 이 과정에서 조선인 박열과 그의 친구들이 대역죄라는 누명을 쓰게 되었는데 이때 목숨을 걸고 무료 변론에 나선 것도 후세 다쓰지였습니다.

당시 일본에서 신처럼 떠받들던 일왕의 암살 음모자를 변론한다는 것은 자신의 신변도 위협할 수 있는 일이었습니다. 하지만 후세 다쓰지는 굴하지 않고 억울한 조선인들의 입장에서 목소리를 높여 일본 당국의 사건 조작을 세상에 알렸습니다.

결국 박열은 아내인 가네코와 함께 사형 선고를 받았다가 재판 과정에서 드러난 무리한 수사에 부담감을 느낀 당국의 재심으로 무기징역으로 감형되었고 해방과 함께 무사히 석방되었습니다. 하지만 안타깝게도 가네코는 박열과 함께 공범 혐의로 형무소에 갇혔다가 해방을 보지 못하고 숨졌습니다. 후세 변호사는 이때도 위험을 무릅쓰고 여러모로 애를 써서 시신을 수습하여 장례를 치러주었다고 합니다.

이 사건이 널리 알려지면서 1924년 김지섭 열사의 일본 궁성 폭탄 투척 사건 등 조선인과 관련된 사건은 후세 다쓰지에게 모두 몰려들다시피 했습니다. 무료 변론임에도 열과 성을 다하는 그의 모습에 조선인 독립운동가들은 일본인인 후세를 '우리의 변호사'라고 불렀다고 합니다.

후세 변호사의 싸움은 일본 내에 그치지 않았습니다. 1926년에 바다를 건너 조선에 방문한 그는 전남 나주를 찾았습니다. 일본이 세운 동양척식주식회사*에 억울하게 토지를 빼앗긴 농민들을 만나 현장답사를

+ 더 알아보기 **독립운동가 박열**

1902년 경상북도 문경에서 태어난 박열 선생은 경성고등보통학교에 다니던 중, 3.1운동에 참여한 것을 계기로 본격적으로 독립운동에 투신했다. 일본 도쿄로 건너간 선생은 '의혈단', '불령사' 등 항일단체를 결성하여 활동했으며 이 과정에서 평생의 동지인 아내 가네코 후미코를 만나게 되었다.

항일투쟁을 벌이기 위해 폭탄을 구입하려던 중 1923년 동경대학살이 벌어지면서 아내와 함께 일본 경찰에 체포되었다. 대지진의 혼란과 불안을 떠넘길 곳을 찾던 일본 정부는 구체적인 계획이나 목적도 없던 폭탄 구입 시도를 일왕 암살을 꾀한 대역 사건으로 비화시켰다.

박열은 굴하지 않고 당당히 재판에 임하였으며 결국 사형 선고를 받은 후에도 "재판장, 수고했네. 내 육체야 자네들 맘대로 죽이지만, 내 정신이야 어찌하겠는가"라고 미소지으며 답했다.

다행히 무리한 재판에 부담을 느낀 일본 정부가 사형 집행은 보류했지만, 아내는 옥중에서 사망했고 선생도 해방이 될 때까지 22년 2개월이나 옥살이를 했다.

해방 후 귀국한 선생은 6.25전쟁 발발로 내려온 북한군에 납북되어 북한에서 생활하다가 1974년 72세를 일기로 사망했다.

하고, 그들을 위한 토지반환소송을 제기하기 위해서였습니다. 실로 지칠 줄 모르는 열정이었습니다.

일본 제국이 서슬퍼런 위세로 우리 땅을 점령하고 있는 상황인지라 재판에 이길 수는 없었지만 당시 농민들은 자신들의 억울한 사정을 들어주고 함께 싸우려는 변호사가 있다는 것만으로 큰 위로를 받았습니다.

그러나 상황은 점점 나쁘게 흘러갔습니다. 중국 침공 이후 제2차 세계대전에 본격적으로 뛰어든 일본은 군국주의 국가로 급격히 변모해 갔습니다. 전쟁을 수행하기 위해 수탈과 억압을 강화하는 과정에서 비판과 불만의 목소리가 높아지자 일본 당국은 식민지는 물론 일본 내에서도 민주주의를 탄압하고 인권을 주장하는 사람들의 입을 틀어막기 시작했습니다.

이런 상황이니 일본인이면서도 가난한 사람들, 조선과 대만의 식민지인들을 위해 뛰어다니던 후세 변호사는 당국의 눈엣가시 같은 존재였습니다. 결국 1930년대 들어 그는 세 번이나 변호사 자격을 박탈당한 끝에 변호사 면허가 완전히 취소되기에 이르렀습니다.

무료 변론과 독립운동가 지원 등으로 그렇지 않아도 힘들던 후세 변호사의 집안 형편은 완전히 기울었습니다. 결국 자신의 집을 하숙집으로 개조하여 근근이 살아가게 되었는데 그를 조금이라도 돕기 위해 조선인 유학생들이 몰려들었다고 합니다.

그의 고난에 정점을 찍은 것은 자신을 닮아 인권운동가로 성장하여 전쟁 반대 운동을 하던 셋째 아들 후세 모리오가 치안유지법 위반을 이유로 옥살이를 하다가 교토 형무소에서 사망한 일이었습니다. 차가운

> **동양척식주식회사**
> 1908년 일본 제국이 대한제국의 토지와 자원을 수탈할 목적으로 설치한 식민지 착취기관.
> 영국의 동인도회사와 같이 일본 정부의 지배하에서 그들의 특권에 기초한 독점적 특수회사이다.

감옥 바닥에서 생을 마감했을 때 후세 모리오는 겨우 서른두 살의 젊은 나이였습니다.

아버지의 신념 때문에 편안하고 부유한 삶을 누리는 대신 경제적 어려움과 주변의 비난 속에 성장해야 했던 아들이, 아버지의 신념을 잇겠다고 나섰다가 젊은 생을 감옥에서 마감했으니 이를 지켜봐야 했던 후세 변호사에게 얼마나 큰 고통이었을까요.

✎ 민중을 위해, 민중과 함께

1945년 일본의 패전과 함께 조선은 해방되었고 후세 다쓰지도 변호사 자격을 되찾을 수 있었습니다. 이미 예순 다섯의 나이로 지치고 힘든 몸이었지만 그는 굴하지 않고 다시 일어섰습니다.

후세 변호사는 자유법조단을 재결성하여 조선인들의 권익을 찾아주기 위한 소송에 적극적으로 나섰습니다. 또한 재일조선인 선거권 운동을 지원하기도 했습니다.

그는 대한민국이 건국을 준비하고 있고 이를 위해 먼저 헌법이 마련되어야 한다는 사실에 주목했습니다. 그는 조금이나마 도움을 주기 위해 1946년 재일조선인들의 의견을 수렴하여 『조선건국헌법초안사고』를 공동집필하기도 했습니다. 조선 문제에 대한 그의 관심과 애정이 얼마나 깊었는지 잘 보여주는 일입니다.

그는 목숨이 다하는 순간까지 재일조선인들을 위한 여러 소송과 사건들을 변호인으로서 돕다가 1953년 만 72세로 세상을 떠났습니다. 그의 장례식에는 수많은 조선인들이 참석하여 조선인의 벗이자 정의의 지식

외조부 후세 다쓰지의 일대기를 담은 책 『변호사 후세 다쓰지』를 쓴 오이시 스스무.

인 후세 다쓰지가 가는 길을 애도했습니다.

일본인인 그가 평생 보여준 믿기 힘들 만큼의 열정, 우리나라에 대한 일관된 애정과 노력에 대한 감사의 뜻으로 2004년 10월 대한민국 정부는 일본인 최초의 건국훈장 애족장을 후세 다쓰지에게 수여했습니다.

그가 활동했던 자유법조단의 정신과 명맥은 지금까지도 면면히 이어지고 있습니다. 현재 일본 전역에서 2,000명이 넘는 변호사들이 자유법조단의 일원으로 활발히 활동하고 있습니다.

일본은 지리적으로 우리와 가장 가까운 이웃이지만 임진왜란과 일제 강점기 등 우리에게 쓰라린 고통을 안긴 역사 때문에 가장 멀게 느껴지는 나라이기도 합니다. 하지만 후세의 법과 원칙, 인간의 존엄성에 바탕을 둔 삶의 이야기들은 국가의 장벽을 뛰어넘는 '보편적 정의'를 일깨우고 이를 통한 상호 간의 신뢰가 가능하다는 믿음을 갖게 합니다.

일본인이면서도 법조인으로서 자신의 양심을 지키는 데 평생을 바친 후세 다쓰지 변호사의 삶은 그 좋은 증거가 될 것입니다.

후세 다쓰지의 고향 미야기현에는 그의 뜻을 기리고 널리 알리는 현장비가 하나 세워져 있는데 여기에는 후세 자신이 쓴 비문이 새겨져 있습니다.

"살아야 한다면 민중과 함께, 죽어야 한다면 민중을 위해"

생각해 볼
문제

Q. 후세 다쓰지 변호사가 자신의 조국인 일본 대신 조선인들의 편에 서서 싸운 이유는 무엇이었을까요?

Q. 법조인이 지켜야 할 윤리적 원칙들에 대해 생각해 봅시다.

4
먼저 가는 이가 있어야
길이 시작된다

여성 변호사 이태영

🖋 여성의 권리를 지키는 데 일생을 바치다

인권 발전 과정에서 가장 소외된 계층 가운데 하나는 여성일 것입니다. 여성은 오랜 시간 동안 정치적·사회적 권리가 제한당하는 가운데 스스로 선택한 삶을 이끌어나가지 못하는 어려운 상황에 놓여 있었습니다. 이 책에서도 여러 꼭지에서 여성인권 문제를 다루었지만 완전한 양성평등에 이르기까지 아직도 가야 할 길이 많이 남아 있습니다.

이 긴 여정의 맨 앞에는 없는 길을 만들어가야 했던 개척자로서 살아간 많은 사람들이 있습니다. 여성에게는 허용되지 않았던 권리, 금지된 직업, 편견과 차별에 맞서 '최초'를 만들어낸 많은 이들이 있었기에 그

뒤를 따르는 역사의 흐름이 가능했습니다.

이태영 선생은 그런 선각자들 중 한 분이었습니다. 선생은 어려운 환경을 이겨내고 여성은 할 수 없는 일이라고 여겨졌던 법조인의 벽을 뚫고 최초의 여성 변호사가 되었습니다. 이를 바탕으로 여성의 권리를 지키고 확장하는 데 일생을 바쳤습니다.

2015년 8월 10일 세계적인 인터넷 검색 사이트인 구글의 메인 화면에는 안경을 쓴 한 여성의 모습이 게재되었습니다. 구글은 검색창 바로 위에 회사명을 표기하면서 해당 날짜에 기억할 만한 사건이나 계절, 위인들의 모습을 함께 싣는 '구글 두들'이라는 이미지를 게재하는데 이날은 이태영 선생의 탄생 101주년을 기념하는 이미지를 담은 것이었습니다.

구글 두들에 올라간 세 개의 이미지는 이태영 선생의 평생의 활동을 잘 요약해서 담고 있습니다. 우리나라 최초의 여성 변호사로서 활발한 활동을 하고 있는 모습, 평생을 바쳐 만들고 운영한 가정법률상담소의 모습, 그리고 한평생 다양한 저술과 학문 활동을 펼치던 모습입니다.

최초의 여성 변호사, 가정법률상담소를 탄생시킨 여성운동가, 그리고 인권운동과 민주화 운동의 선구자, 이태영 선생의 이야기를 이 세 개의 그림 순서대로 따라가며 펼쳐보도록 하겠습니다.

✒ 최초의 여성 변호사, 그가 가는 곳에 새로운 길이 열리다

이태영 선생은 1914년 평안북도에서 태어났습니다. 남녀차별이 심하던 시절이었지만 "아들이든 딸이든 공부만 잘하면 대학에 보내주겠다"라며 격려해 주신 어머니의 배려로 이화전문학교(현 이화여대)에 진학하게 됩니다. 평소 여성문제에 관심이 많던 선생은 전국여자전문학교 학생 웅변대회에 나가 여성해방 문제를 강하게 주장하는 연설을 했습니다.

한국의 여성은 하루빨리 이 굴레에서 벗어나야 합니다. 아내이며 어머니이기 전에 인간이어야 하고, 남자들과 동등한 대우를 받아야 합니다. 이것은 다른 사람이 주지 않습니다. 한국 여성 각자가 찾아야 합니다.

여전히 낡은 생각에 젖어 있던 청중들은 당장 연설을 집어치우라며 야유를 하고 삿대질을 하며 소리를 질렀습니다. 소란이 어찌나 심했던지 웅변이 중단될 정도였지만, 선생은 여기에 지지 않으려고 울부짖음에 가까운 목소리로 열변을 토했습니다. 그 진정이 통했는지 이 대회에서 1위를 차지하게 됩니다.

이 사건을 계기로 선생은 여성을 비롯해 가난하고 힘든 사람들을 도우려면 힘과 능력을 갖추어야겠다는 생각을 절실히 하게 되었습니다. 그러던 중 길을 걷다가 우연히 변호사 사무실 간판을 보았습니다. 저 길이야말로 자신의 꿈을 실현할 방법이라고 생각하여 법조인을 꿈꾸게 되었다고 합니다.

하지만 법조인이 되고 싶다는 바람이 무색하게도 당시 이화전문학교에는 법학과가 없었습니다. 여성 법조인을 상상도 할 수 없던 시절이었으니 여학생만 다니는 학교에 법학과가 있을 리 없었던 것이지요. 그래서 선생은 이화전문학교 가사과에서 공부하면서 동시에 다른 대학의 법학 교수님께 따로 수업을 듣기로 합니다.

가정형편상 장학금을 놓치면 안 되었기 때문에 가사과와 법학과, 두 학과의 전공 서적이 가득 담긴 보따리를 양팔에 안고 뛰어다니며 공부하는 것이 일상이 되어버렸습니다.

그런 노력이 헛되지 않아 선생은 이화전문학교를 수석으로 졸업했습니다. 그러나 형편이 어려워 더 이상 공부를 하거나 유학을 갈 수는 없었습니다. 돈을 벌어 집안에 보태야 했기 때문에 당시 고등 교육을 받은 여성으로서 얻을 수 있는 가장 나은 직업이었던 교사로 취직해서 생계를 꾸려나가기 시작했습니다.

평범한 교사 생활을 이어가던 이태영의 삶이 크게 변화한 것은 결혼을 하면서부터였습니다. 목사 생활을 하면서 독립운동을 하던 정일형 선생을 만나 두 분은 행복한 가정을 꾸렸습니다. 하지만 일제의 탄압이 극심했던 1930년대 말, 정일형 선생이 체포되어 5년간 감옥에 갇힌 채 모진 고문을 당하게 되었습니다. 이태영 선생도 공부는커녕 당장 가족의 생계를 책임지고 남편의 옥바라지를 하기 위해 돈을 벌어야 할 상황이 된 것입니다.

교사의 박봉으로는 도저히 버틸 수 없었기 때문에 선생은 손수 천을 받아다가 염색하고 바느질한 이불을 머리에 이고 여기저기 다니며 파는 이불행상을 시작했습니다. 촉망받는 수재이던 이태영의 자존심보다는 사랑하는 가족의 생계가 우선이었기 때문입니다.

마침내 해방이 되어 감옥에서 풀려나온 정일형 선생은 아내에게 이렇게 말했습니다.

"여보, 이제 보따리를 바꿔 멥시다. 기다리던 그 세월이 바로 지금 왔으니 평생 소원이던 법률 공부를 하시오. 머리털 뽑아 신은 못 삼을지언정 결초보은하겠소."

이태영 선생은 사과 상자에 넣어두어 뽀얗게 먼지가 앉은 법률책들을 다시 꺼내 안고 눈물을 흘렸습니다. 그리고 독학으로 열심히 노력한 끝에 1946년 상당히 늦은 나이인 서른두 살에 서울대학교 법과대학에 입학하게 됩니다. 서울 법대 최초의 여학생이었습니다.

1949년 대학을 졸업한 이태영 선생은 1952년 제2회 사법시험에 합격해서 최초의 여성 사법고시 합격자가 됩니다. 합격을 축하하는 자리에서 은사님이 하신 말씀은 그의 마음에 평생 남았다고 합니다.

"이 땅의 5000년 역사 이래 처음 나온 여성 법관으로서 법조계를 선도하는 막중한 책임과 사명감이 있어야 합니다."

정말이지 우리 역사상 첫 여성 법관이니 그 의미가 이만저만 큰 것이 아닙니다. 하지만 당시 대통령이었던 이승만은 예외적으로 이태영의 판사 임용을 거부합니다. 문서로 전해진 그 이유가 참 어이없습니다.

"여자가 판사가 되는 것은 아직 시기상조이니 가당치 않다."

법률적 전문성이나 능력의 문제가 아니라 단지 여성이라는 이유로 임용이 거부된 것입니다. 결국 선생은 안타깝게도 판사가 되지는 못하고 1954년 개업하여 최초의 여성 변호사가 되었습니다.

이승만이 임용을 거부한 데는 여성이라는 이유 외에도 다른 이유가 있었습니다. 이태영 선생의 남편이 자신과 맞서는 야당 국회의원이라는 점도 작용한 것입니다.

하지만 이태영 선생이 첫 사례를 만든 덕분에, 이어진 제3회 사법시험에 합격한 여성은 최초의 여성 판사로 임용될 수 있었습니다. 최초의 여성 검사는 이보다 훨씬 늦어져서 1980년 제22회 사법시험 합격자가 1982년에 비로소 임명되었습니다.

✑ 여성의 법적 권리를 지킬 단체가 필요해요!

이태영 선생이 개업을 하자 처음엔 누가 여성 변호사에게 사건을 맡기 겠냐고 냉소적인 시선을 보내는 사람들이 많았습니다. 하지만 당시 유일 한 여성 변호사였기 때문에 여성의 어려움을 가장 잘 이해해 줄 것이라 는 기대를 안은 여성 의뢰인들이 문전성시를 이루었습니다.

주로 이혼, 가정폭력 등 가정 문제가 많았는데 이를 통해 변변히 하소 연할 곳도 없이 억울한 일을 견뎌온 여성들을 수없이 만나게 되었습니 다. 이태영 선생은 소송이나 재판에 앞서 이들의 사연을 들어주고 법률 상담을 해줄 단체가 절실히 필요하다는 생각을 갖게 되었습니다.

선생은 여성들이 처한 법적 문제를 상담하고 조언을 제공할 상담기관 을 만들기 위해 뛰어다니기 시작했습니다. 많은 사람들이 공감하고 도 와줄 것이라고 생각했지만 의외로 냉담한 반응이 많았습니다. 여성문제 자체를 인정하지 않거나 공연히 분란을 일으키려는 사람들로 치부하는 시각들이 많았기 때문이었습니다.

1956년, 가까스로 여성문제연구원의 산하에 작은 방 한 칸을 빌려 드 디어 여성법률상담소가 문을 열었습니다. 이어서 감당하기 힘들 정도로 많은 사람들이 도움을 청하며 찾아오기 시작했습니다. 열악한 조건에 상담소를 운영할 돈도 부족하고 인력도 모자랐지만 가장 힘든 것은 이 런 노력을 비뚤게만 바라보는 사람들의 편견이었습니다.

"여자 변호사라서 사건 의뢰가 없을 것 같으니 사건을 끌어들이려고 상담소를 차린 것 아냐?" 하는 잔인한 말을 들을 때마다 남몰래 수없 이 눈물을 흘리며 설움을 삼켰습니다. 하지만 선생은 고통받는 사람들 을 생각하며 다시 이를 악물고 일어섰습니다. 상담소가 멀어 찾아오지 못하는 여성들을 위해 편지 상담, 전화 상담도 시작했고 언론 매체를 활용하여 라디오 상담, 잡지의 지면을 통한 상담을 하는 한편 상담 사례집 발간도 꾸준히 해나갔습니다.

더 나아가 이런 경험을 바탕으로 가정 사건의 특수성을 고려한 독립된 법원 설립을 강하게 주장했습니다. 이렇게 뿌려진 씨앗에 오랜 시간과 많은 이들의 노력이 합쳐져 맺은 열매가 현재 우리나라의 전국 주요 도시에 설치되어 있는 가정법원입니다.

상담소를 찾는 이들이 늘어나고 그 역할도 확대되자 선생은 상담소의 이름을 여성뿐 아니라 가정의 법률 문제를 전반적으로 돕는다는 의미에서 가정법률상담소로 바꾸었습니다.

무료 상담 기관이라서 항상 돈이 부족했던 가정법률상담소는 수시로 이리저리 쫓겨 다녀야 했습니다. 여성 100명이 각각 20만 원씩 모아 2,000만 원을 모으면 작은 집 하나를 지을 수 있을 거라 생각해서 '여성 백인회관' 건립 운동도 벌여보았지만 집값이 너무 올라서 겨우 땅만 사놓고 집을 지을 수 없는 상황이 되어버렸습니다. 안타까운 사연을 듣고 해외의 동포들도 주머니를 털어 돈을 모아주었는데도 여전히 건축비에 한참 모자랐습니다.

하지만 지성이면 감천이라더니 가뭄 속 단비 같은 소식이 전해졌습니다. 필리핀의 영웅 막사이사이를 기념하기 위해 만들어진 '막사이사이상'의 수상자로 이태영 선생이 선정되어 상금 1만 달러를 받게 된 것입니다. 이태영은 자신이 받은 상금 전액을 주저없이 가정법률상담소의 건축비로 내놓았습니다.

여성의 힘으로 여성을 위한 회관을 짓자는 뜻에 동조하여 결혼반지를 팔거나 평생 모은 패물을 팔아 그 돈을 기부하는 분들도 있었고, 당장 가진 돈이 없는 분들은 그룹을 지어 병원에서 일을 해서 받은 일당을 보내 오기도 했습니다.

이태영과 후원자들은 콘크리트가 모자라면 산에서 돌을 실어다가 직접 망치로 깨서 바닥에 깔았습니다. 목재가 부족하자 답답한 마음에 한밤중에 평소 알고 지내던 사람을 찾아가 "내가 죽으면 보내주실 부의금과 조화값을 지금 보내주세요"라고 울며 호소했습니다. 그러자 다음 날 건축 현장에 목재를 보내준 사람들도 있었습니다.

마침내 가정법률상담소 창설 20주년을 맞이한 1976년, 여성백인회관은 기공식을 가졌고 이후 가정법률상담소의 든든한 기틀이 되었습니다. 우리나라 최초의 법률 구조 기관인 한국가정법률상담소는 지금도 활발하게 활동하며 많은 사람들에게 도움을 주고 있습니다.

+ 더 알아보기 | 한국가정법률상담소

한국가정법률상담소는 경제적으로 어려움을 겪고 있거나 법을 잘 모르는 이들을 돕기 위해 1956년 개소했다.

특히 기댈 곳 없던 여성들, 가족 문제와 관련하여 많은 역할을 했는데 2018년까지 본부와 지부를 합쳐 총 4,37,815건이나 되는 법률 상담을 제공했다. 상담 결과, 소송이 필요한 어려운 사람들을 위해서는 무료 소송 구조도 제공한다. 또한 일반인을 대상으로 한 법률 강좌, 예비 법조인들을 위한 법률임상실습 등을 운영한다.

사회적 발언도 활발해서 《월간 가정상담》 같은 출판물이나 자료집을 지속적으로 발간하고 있으며, 가족법 개정 운동을 꾸준히 벌여 호주제 폐지 등을 비롯한 여러 성과들을 거두는 데 큰 몫을 담당했다.

✎ 인권과 민주주의를 향한 멈추지 않는 발걸음

이태영 선생은 우리 사회의 근본적인 문제를 해결하기 위해서는 법과 제도의 개선, 그리고 민주화가 함께 이루어져야 한다고 믿었습니다. 가장 시급한 것은 가족법 개정이었습니다.

당시 가족법은 남성 위주의 호주제, 부부 재산 분할 시 남성 우위, 친권행사에서 어머니 제외, 재산 상속에서 남자의 우선순위, 동성동본 혼인 금지 등 많은 문제를 안고 있었습니다.

처음에는 진정서, 청원서를 제출하는 방식으로 법률 개정을 요구했으나 받아들여지지 않자 강연회, 방송 출연, 신문 및 잡지 기고 등 가능한 모든 수단을 동원하여 주장을 펼쳤고 경우에 따라서는 거리 시위도 마다하지 않았습니다.

여성을 옹호했다가는 선거에서 표를 받지 못한다며 몸을 사리던 정치인들도 이태영 선생과 여성단체들의 적극적인 요청에 결국 조금씩 입장을 바꾸기 시작해서 가족법은 여러 차례 개정될 수 있었습니다.

제3차 가족법 개정으로 이혼 여성의 재산분할청구권이 인정되고, 친척 범위도 남녀 모두 8촌까지 인정하도록 바뀐 후 선생은 이런 말씀을 남겼습니다.

"주위의 많은 분들이 여성의 지위가 높아졌으니 축하한다고 말해 옵니다. 그러나 나는 그렇게 생각하지 않습니다. 여성이 새로운 것을 얻은 것은 아무것도 없습니다. 다만 제자리를 찾았을 따름입니다. 더군다나 가족법은 '여성법'이 아니고 '가족 모두의 법'이잖습니까?"

선생의 활동은 여성문제에만 국한된 것이 아니었습니다. 야당 국회의원이었던 남편과 함께 이승만, 박정희 독재정권과 맞서 싸웠고, 그 과정

가족법 개정을 촉구하는 서명 운동 현장에 참여하여 '다 같은 인간이다' 포스터를 들고 있는 이태영 선생.

에서 체포되어 재판을 받는 민주화운동 인사들을 무료 변호하기도 했습니다. 이 시기에 변호했던 민주 인사 가운데에는 후에 대통령이 되고 우리나라 최초로 노벨평화상까지 수상한 김대중도 있었습니다.

이태영 선생 자신도 1977년 3.1선언이라는 민주화운동에 가담한 혐의로 변호사 자격이 박탈되는 아픔을 겪었으나 1980년에 다행히 복권되어 다시 활동할 수 있게 되었습니다.

이태영 선생이 평생에 걸쳐 이룬 공로는 서서히 많은 사람들에게 인정받기 시작하여 다양한 상을 받기도 했습니다. 앞서 언급한 1975년 막사이사이상을 비롯하여 1982년 유네스코 인권교육상, 1989년 브레넌 인권상을 수상했고 1990년에는 국민훈장 무궁화장을 받았습니다.

이 모든 고통과 영광을 뒤로하고 이태영 선생은 1998년 12월 17일에 세상을 떠났습니다. 평소 통일이 되면 판문점에 이산가족 가정법률상담소를 세우겠다고 입버릇처럼 말하던 선생은 아쉽게도 통일을 보지 못하고 국립현충원 국가유공자 묘역에 남편 정일형 선생과 합장되었습니다.

2017년 이태영 선생은 다시 한 번 구글의 메인 화면에 등장했습니다. 앞에서 소개한 구글 두들은 우리나라 구글 사이트에만 나왔지만 이번에는 전 세계 어디에서든 구글에 접속하기만 하면 화면에 모두 노출되는 훨씬 큰 의미를 지닌 사건이었습니다. 3월 8일 세계 여성의 날을 맞이하여 구글이 선정한 '세계의 주목할 만한 여성 13명' 중 한 명으로 선정된 것입니다.

법의 힘으로 세상을 더 좋은 곳으로 만들어보려 애썼던 선생의 노력은 지금도 세계의 많은 사람들에게 이렇게 큰 울림을 전해주고 있습니다.

생각해 볼 문제

Q. 우리나라의 유명한 여성 법조인에는 어떤 분들이 있는지 더 조사해 봅시다.

Q. 우리나라에 아직도 남아 있는 여성에게 불평등한 제도나 법률에는 어떤 것이 있을까요? 어떻게 바꾸는 것이 좋을까요?

어두운 곳을 밝히는 공익변호사

혹시 여러분도 법조인의 길을 꿈꾸고 있나요? 판사, 검사, 변호사 같은 법률 관련 직업의 매력은 뭘까요? 높은 수입과 사회적 지위가 주는 매력도 분명히 있겠지요. 하지만 그런 화려한 외면보다 중요한 것은 직업이 주는 의미와 보람일 것입니다. 전문적인 법적 지식을 활용해서 약자를 돕고 정의로운 사회를 만드는 것이 많은 법조인들이 꿈꾸는 삶의 보람입니다.

하지만 아무래도 기관의 공적 업무에 매달리거나 혹은 변호사로서 의뢰인들의 이익을 보호하는 일에 전념하다 보면 이런 의미 있는 일들을 할 기회를 얻기는 힘든 것이 사실이지요. 그래서 최근 많은 이들의 관심을 모으고 있는 것이 공익변호사입니다.

우리나라에서 공익변호사의 업무를 의미하는 '프로 보노(Pro Bono)'는 원래 라틴어 'Pro Bono Publico'의 줄임말로 '공익을 위하여(for the public good)'라는 뜻을 가지고 있습니다.

서양에서는 일반적인 봉사활동과 달리 전문적인 지식을 가진 사람들이 그 지식을 활용하여 공익에 기여하는 활동을 보수 없이 하는 경우를 통틀어 '프로 보노'라고 부릅니다. 하지만 우리나라에서는 주로 변호사들의 공익 활동에 이 용어를 사용하고 있습니다.

공익변호사는 변호사를 선임할 여유가 없는 개인 혹은 단체에 보수를 받지 않고 법률 서비스를 제공하는 법조인을 의미합니다. 경우에 따라 '인권변호사'라고 부르기도 합니다. 이들은 저소득층, 탈북민, 장애인, 난민, 여성, 청소년, 이주민 등 다양한 사회적 약자들의 입장을 대변합니다. 때로는 재정이 열악한 시민단체들에 법률적 조언을 제공하거나 소송을 대리하기도 하는 등 아주 많은 역할을 하고 있습니다.

공익변호사의 도움을 필요로 하는 사람들도 점점 늘어나고 있는데 문제는 그 수요를 감당할 만큼 공익변호사들의 수가 충분치 않다는 것입니다. 2019년 현재 전국 공익변호사의 수는 120명 내외로 부족한 상황이며, 이 가운데 90퍼센트 이상의 공익변호사들이 서울, 경기 등 수도권 지역에 몰려 있어 지역 간의 편차도 심각합니다.

공익변호사들은 다른 변호사들에 비해 상대적으로 수입이 적은데도 정말 도움이 필요한 사람들에게 힘이 된다는 보람에 열정적으로 활동하고 있습니다. 그래서 공익변호사로 활동하고 싶어 하는 변호사들도 매우 많다고 합니다.

문제는 최소한의 지속 가능한 재정 지원 없이는 활동이 어렵기 때문에 공익변호사로 활동할 수 있는 자리가 매우 제한되어 있다는 점입니다. 다행히 로펌, 변호사회 등에서 인권변호사들의 활동비를 지급하는 지원 움직임이 확산되고 있고, 기업이나 개인이 후원을 하는 경우도 늘어나고 있다고 합니다. 로스쿨에서도 공익봉사활동에 대한 교육을 강화하고 있어 향후 우리 사회의 어두운 곳을 비추는 공익변호사들의 불빛이 점차 커져갈 것으로 기대됩니다.

5장

법과 인간을
둘러싼
끝나지 않은 논쟁

1

노예는 인간인가?

아미스타드호 사건

죽음의 항해

1839년 노예 거래로 북적이는 쿠바의 아바나 항구에 스페인 노예 상
인인 루이스와 몬테즈가 나타났습니다. 이들은 미국에 밀수출할 목적
으로 아프리카의 시에라리온에서 잡혀온 마흔아홉 명의 노예를 위조
된 서류와 함께 구입했습니다. 노예들이 탄 배의 이름은 '아미스타드
(Amistad)'였습니다.

노예선의 상황은 처참했습니다. 도망가지 못하도록 발가벗겨진 채 쇠
사슬로 줄줄이 엮인 노예들은 높이가 90센티미터 정도밖에 안 되는 선
창에 갇혔습니다. 앉아 있기도 어려운 데다 좁은 곳에 많은 노예들을 우
겨넣었기 때문에 짐짝처럼 몸이 겹친 상태로 긴 항해를 견뎌야 했습니

다. 양동이에 담긴 음식을 여러 명이 쇠사슬에 묶인 채 손으로 집어먹는 식사는 인간다움을 포기한 것이었습니다. 이런 비위생적이고 열악한 환경에서 병에 걸린 노예들은 가차 없이 바다에 던져졌습니다.

쿠바를 떠나 미국으로 향하던 아미스타드호는 기상악화로 일정이 더 늦어졌습니다. 식량이 모자랄까 봐 노예 상인들은 그렇지 않아도 얼마 되지 않던 식량 배급을 줄였고, 이에 항의하는 노예들에게 채찍질을 가했습니다. 어떤 선원은 노예들을 조롱하고자 목적지에 도착하면 백인들이

너희들을 잡아먹을 것이라고 말했습니다.

극도의 두려움과 분노에 휩싸인 노예들 가운데 리더 역할을 했던 싱케라는 인물이 있었습니다. 그는 어차피 잡아먹힐 거라면 차라리 싸우다 죽자고 주장했습니다. 이에 동조한 동료들과 힘을 모아 한밤중에 일으킨 반란은 성공했습니다. 선원 두 명이 사망하고 두 명은 탈출했으며 노예 상인인 루이스와 몬테즈는 배의 항해를 맡기기 위해 살려두었습니다.

하지만 이 두 사람은 항해에 익숙하지 못한 노예들을 속여 아프리카로 돌아가는 척하고 몰래 미국 방향으로 배를 몰았습니다. 결국 아미스타드호는 미국 해안경비대에 발각되었고 경비선을 이끌던 제드니 소령이 군인들과 함께 배에 승선했습니다.

선창 아래에 갇혀 있던 루이스와 몬테즈가 그들에게 도움을 요청했고 군인들은 즉각 사태를 파악했습니다. 결국 달아나려 했던 싱케를 비롯한 배에 있던 흑인 노예들이 모두 체포되어 코네티컷의 뉴헤이븐 항으로 옮겨졌습니다.

> **+ 더 알아보기** **노예선의 참상**
>
> 노예선은 주로 대형 화물선을 개조해서 만들었다. 가장 공간이 넓으면서도 통제하기 용이한 배 밑바닥 쪽에 노예를 실었는데 최대한 많은 노예를 싣기 위해 위아래로 좁은 칸막이를 만들어 겹쳐서 실었다.
>
> 기생충을 방지한다는 명목으로 모두 발가벗긴 상태에서 사슬에 묶었기 때문에 추위도 막을 수 없었고 이동도 불가능했다. 이동 중에 평균 15퍼센트, 최대 33퍼센트의 사람들이 배 안에서 사망했고 시신은 바다에 버려졌다.

✒ 도움의 손길, 그리고 좌절

구출된 노예 상인들은 즉시 법원에 자신들의 배와 '화물', 그러니까 노예들을 돌려달라는 소송을 제기했습니다. 반면 해안경비대의 제드니 소령은 해상법에 따라 반란 선원들이 차지한 배를 구출해 주었으니 배와 화물은 자신의 것이라고 주장했습니다.

한편 당시 강대국이었던 스페인은 외교 경로를 통해 자국민을 살해한 범인들과 스페인 국민의 사유재산을 돌려달라고 강력하게 요청했습니다. 그러나 정작 재판의 당사자였던 싱케와 동료들은 영어를 할 수 없었기 때문에 재판정에서 자신들의 죄목을 나열하는 공소장의 내용들을 한마디도 이해할 수 없었고 당연히 어떤 주장도 펼칠 수 없었습니다.

말 한마디 통하지 않는 곳에서 감옥에 갇힌 싱케와 일행들은 공포에 떨었습니다. 심지어 이들을 맡았던 군인들은 신문보도를 보고 구경하러 온 사람들에게 입장료를 받고 마치 동물원에 갇힌 짐승을 대하듯이 구경을 시켜주기도 했습니다. 루이스와 몬테즈는 이들이 얼마나 잔혹한 살인마들인지를 언론에 떠들어대며 소송을 유리하게 이끌려고 여론 몰이를 했습니다.

하지만 그들을 돕는 손길도 있었습니다. 다행스럽게도 아미스타드호가 도착한 뉴헤이븐은 미국 북부 지역이었는데 당시 여전히 노예제도를 강하게 지지하고 있던 남부 지역과 달리, 노예제도를 철폐하고 노예들을 해방시키자는 주장이 많은 지지를 얻고 있었습니다.

노예해방론자들은 위원회를 결성하여 모금을 통해 유명한 변호사들을 고용했고 예일신학대학원의 언어학 교수는 싱케가 사용하는 멘데어를 할 줄 아는 사람을 찾아 항구들을 뒤졌습니다.

첫 재판의 결과는 매우 실망스러웠습니다. 통역자를 구하지 못한 아프리카인들이 여전히 제대로 자기 주장을 펼치지 못하는 상황이었습니다. 판사는 모든 일이 스페인인과 관련하여 스페인 선박 위에서 벌어졌고, 당시 배는 공해상을 지나고 있었기 때문에 미국은 재판의 관할권이 없고 스페인에서 재판이 이루어져야 한다고 판결했습니다. 게다가 판사는 노예제도가 외국 정부는 물론 미국의 연방대법원도 인정한 제도이므로 아무런 문제가 없다는 말까지 덧붙였습니다.

만약 이 판결대로 아프리카인들이 스페인으로 송환된다면 노예 신분으로 돌아가는 것은 물론이고 살인, 약탈의 죄목으로 사형을 면하기 어려운 상황이었습니다. 아프리카인들과 이들을 지원해 온 위원회 관련자들은 깊은 절망에 빠졌습니다.

✎ 바다 위의 배는 누구의 관할인가?

잠시 역사의 시계를 멈추고 이 사건의 핵심적인 쟁점에 대해 생각해 봅시다. 첫 번째로 생각해 볼 쟁점은 이 사건이 미국 법원에서 다루어지는 것이 옳은지의 문제입니다.

한 나라의 법은 그 나라의 주권이 미치는 범위 내에서 효력을 갖습니다. 이렇게 국가의 주권이 미치는 범위를 땅과 하늘 그리고 바다로 나누어 가리키는 용어가 영토, 영공 그리고 영해입니다.

만약 우리나라의 영토 내에서 벌어진 사건이라면 우리 법원에서 재판을 하는 것이 당연하지만 다른 나라의 영토에서 벌어진 사건이라면 개입할 수 없지요.

이렇게 법적으로 개입할 권한을 지닌 영역을 관할이라고 부르기도 합니다. 미국의 유명한 갱이었던 알 카포네는 주와 주의 경계 지역에 저택을 지은 후 경찰이 체포하러 오면 건너편 주에 해당하는 방으로 들어가서 당신네 관할이 아니니 체포할 수 없다며 경찰을 농락하기도 했다고 합니다.

문제는 국가를 넘나드는 배의 경우입니다. 국가의 주권이 인정되는 바다의 범위는 육지를 기준으로 12해리까지입니다. 그 영해 안에 들어왔을 때는 해당 국가의 법에 따라야 하겠지만 12해리를 넘어가면 어느 나라의 바다도 아닌 공해에 들어가게 됩니다. 이 경우 어느 나라의 법을 따를 것인가의 문제가 생깁니다.

국제법상으로 공해상의 배는 그 배가 등록된 국가(이것을 '선적'이라고 합니다)의 영토에 속한다고 봅니다. 그래서 배의 선적을 표시하기 위해 배의 가장 높은 돛대 위에 국가의 깃발을 달곤 했습니다. 이 선적기(marital sign)가 아무런 국적 표시 없이 검정색이면 해적선인 것이지요.

아미스타드호 사건에서 첫 번째 재판의 판사가 "이 재판은 스페인 관할이다"라고 밝힌 이유도 바로 이것입니다. 미국 해안경비대가 아미스타드호를 붙잡은 곳이 미국의 영해가 아닌 공해상이었기 때문에 미국의 법이 적용될 수 없고 스페인으로 송환해야 한다고 판결한 것입니다.

얼핏 보면 매우 논리적이고 타당한 판결처럼 보이기도 합니다. 하지만 만약 이 판결대로 아미스타드호와 아프리카인들을 스페인으로 송환한다면 아프리카인들 중 반란에 주도적인 역할을 했던 사람들은 모두 목숨을 잃을 것이고 간신히 살아남은 사람들도 노예가 되어 평생을 마치게 될 것입니다.

이 모든 결과를 충분히 예측하고도 단지 '관할이 아니다'라는 이유로 판단을 회피하는 것이 과연 올바른 판결일까요? 법 논리상으로는 문제가 없을지 몰라도 정의의 차원에서는 크게 잘못된 판결이라고 보아야 할 것입니다.

노예제도에 반대하는 많은 사람들이 목소리를 높인 이유도 정의롭지 않은 판결은 인정할 수 없다는 마음 때문이었을 것입니다. 하지만 정의의 기준이 단순히 '저 사람들이 불쌍하다' 혹은 '안됐다'는 개개인의 감정만으로 정해져서는 안 될 것입니다.

그래서 '인간을 사고파는 노예제도 자체가 비인간적이고 불법적이기 때문에 어떤 경우에도 인정될 수 없다'는 주장이 제기됩니다. 판사가 판결문에서 굳이 "노예제도는 미국도 인정하고 있는 제도이므로 문제가 없다"라고 밝힌 것도 이런 비판을 의식해서 법적으로 문제가 없다는 점을 강조하고 싶었기 때문입니다.

하지만 과연 판사가 말하는 것처럼 노예제도는 당시 누구나 인정하고 있던 문제없는 제도였을까요? 이 아프리카인들은 '합법적 노예'였을까요?

✍ 노예제도는 합법인가?

자본주의 사회에서는 많은 것들을 돈으로 사고팔 수 있습니다. 자동차나 집과 같은 물건은 물론이고 각 분야에서 전문가들의 실력과 서비스, 필요하다면 나를 대신해서 일해 주는 이들의 시간까지 비용을 지불하고 살 수 있죠. 그렇다면 뭐든 돈만 있다면 거래해도 괜찮을까요?

그렇지는 않습니다. 다른 이들에게 해를 끼칠 수 있어서 법으로 금지되는 것들은 거래의 대상이 될 수 없죠. 예를 들어 마약이나 무기류는 특정한 용도를 제외하고는 거래할 수 없도록 법으로 제한됩니다.

그럼 '인간'은 거래 대상이 될 수 있을까요? 현대 사회에서 인간은 모두 침해될 수 없는 존엄성을 지닌 존재로 여겨지기 때문에 당연히 돈으로 사고파는 대상이 될 수 없습니다.

우리 민법에서는 만약 이와 같은 계약이 맺어진다면 공서양속(公序良俗, 일반적인 사회 질서와 상식)에 어긋나는 것으로 보아 계약 자체가 무효가 됩니다. 그런데 이와 같은 원칙이 상식이 된 것은 그리 오래된 일이 아닙니다.

인간이 다른 인간을 지배와 종속의 대상으로 삼고 돈으로 사고파는 노예제도는 아주 긴 역사를 지니고 있습니다. 거슬러 올라가자면 민주주의의 발상지로 알려진 그리스의 아테네에서도 참정권을 지닌 시민의 수와 비슷할 만큼 많은 노예들이 있었고, 우리나라 역시 조선시대까지 노비 제도가 있었습니다.

인류의 역사에서 노예제도가 사라진 것은 불과 200여 년밖에 되지 않았습니다. 17세기부터 본격화된 산업혁명으로 농업 노동력으로서 노예의 필요성이 감소하기도 했고, 계몽주의와 시민혁명의 영향으로 인간의 자연권과 존엄성에 대한 인식이 강화된 영향도 있었습니다.

유럽에서 최초로 노예제도를 폐지한 국가는 덴마크(1802년)였고 뒤를 이어 프랑스, 네덜란드, 포르투갈과 스페인 등 유럽 주요 국가들이 국제노예시장을 폐지하기로 결의했습니다.

하지만 미국이나 스페인의 경우 노예의 거래만 금지된 것이지 노예제도 자체가 없어진 것은 아니었습니다. 노예제도를 폐지할 경우 기존에 노예를 소유하고 있던 사람들은 자신의 재산권을 침해받았다고 크게 반발할 것입니다. 특히 미국에서도 농업이 여전히 주요한 산업이었던 남부 지역은 노예제 폐지에 사활을 걸고 반대하고 있었습니다.

스페인도 노예 무역이 괜찮은 돈벌이 수단이었기 때문에 노예 거래상들은 여전히 활발하게 활동했습니다. 다만 스페인에서 1820년부터 노예 거래를 금지했기 때문에 우회적인 방법을 택했지요.

아프리카에서 사람들을 납치하여 일단 스페인 식민지였던 쿠바로 실어 간 다음, 쿠바의 허술한 행정 체계를 악용하여 이 사람들이 1820년 전부터 노예 신분이었던 것으로 서류를 위조한 후 다시 유럽이나 미국 대륙으로 데려가 판매하는 꼼수를 썼던 것입니다.

루이스와 몬테즈가 아프리카가 아닌 쿠바에서 노예를 사들인 이유도 여기에 있습니다. 즉, 1839년 시점에서 미국과 스페인 모두 '새로운 노예'를 납치해서 거래하는 것은 불법이었기 때문에 싱케를 비롯한 아미스타드호의 아프리카인들은 모두 서류가 위조된 불법적 노예, 그러니까 자유인이었습니다. 문제는 당시에 미국과 스페인 모두 이 법을 적용해서 노예 거래를 폐지하는 데 그리 적극적이지 않았다는 것입니다.

스페인의 입장에서는 자국 내에서 노예에 대한 수요는 줄어들었지만 여전히 국가 간 노예 무역을 통해 큰 이익을 얻고 있었기 때문에 허술한 서류 위조는 적당히 눈감아주며 넘어가던 상황이었습니다.

미국은 조금 더 상황이 절박했습니다. 연방국가의 절반에 해당하는 남부 지역이 노예 노동에 기댄 농업을 하고 있었기 때문에 노예제도를 전면적으로 부정하는 것은 남부 지역 주들에게 경제적 붕괴를 감당하라고 강요하는 것과 마찬가지였습니다.

아미스타드호 사건에서 스페인은 자국의 선원들이 여러 명 살해당한 데다 값비싼 화물과 배, 노예들까지 미국에 넘겨줄 상황이라서 강력하게 개입한 것입니다. 당시 미국은 강대국이었던 스페인과 외교적 마찰을 빚는 것이 부담스러운 입장이었습니다. 게다가 노예해방론자들의 주장을 받아들일 경우 남부 지역 주들의 강력한 반발에 직면할 것이 불을 보듯 뻔했지요. 그래서 스페인 법원으로 관련자들을 모두 넘겨주는 선에서 적당히 사건을 덮으려 한 것입니다.

✎ 노예제도 폐지에 도화선이 된 아미스타드호

비극적인 결과로 마무리되는 듯했던 재판에 새로운 활로가 열린 것은 항구를 전전하던 예일신학대학원의 기브스 교수가 마침내 멘데어를 할 줄 아는 사람을 만나게 되면서부터였습니다.

싱케와 일행들은 통역을 통해 자신들이 당한 일들을 자세하게 설명할 수 있었고 이를 바탕으로 이들이 불법적으로 납치된 자유인임을 밝힐 수 있었습니다. 또한 미국노예해방협회 회원들의 노력으로 쿠바에서 이루어지고 있는 불법적인 노예 거래의 실상과 시스템에 관한 증언도 법정에 제출되었습니다.

재판 과정에서 이들이 겪었던 죽음의 항해와 불법적인 노예 거래 및 서류 위조 사실들이 낱낱이 밝혀지자 법원의 태도도 바뀌었습니다. 연방지방법원에서는 석 달에 걸친 재판 끝에 1840년 1월 13일, 아프리카인들은 불법적으로 납치되었기 때문에 본래 자유인의 권리를 지니고 있다고 보았습니다. 따라서 이들은 노예 상인들의 재산으로 볼 수 없을 뿐 아니라 반란 과정에서 일어난 살인도 자신의 권리를 지키기 위한 저항이기 때문에 스페인 법정에 회부할 필요도 없다고 판결했습니다.

아프리카인들은 환호와 감사의 기도를 올리며 고향으로 돌아갈 수 있다는 희망에 부풀었습니다.

하지만 미국 정부는 판결에 당혹해하면서 압력을 행사하기 시작했습니다. 법무부에서는 연방지방법원의 판결에도 불구하고 연방항소법원에 항소를 결정했고, 다시 몇 달 후 법원이 항소를 기각하는 결정을 내리자 이번엔 마지막으로 최고의 법원인 연방대법원에 상고를 제기했습니다.

마지막 싸움이자 많은 어려움이 예상되는 재판을 앞두고 노예해방론자들은 존 퀸시 애덤스에게 도움을 청했습니다. 그는 미국 건국의 아버지로 불리는 전설적인 인물 중 한 명인 제2대 존 애덤스 대통령의 아들이자 그 자신도 제6대 대통령을 지낸 바 있는 살아 있는 거인이었지요.

이미 74세의 고령으로 변론을 그만둔 지 30년이 넘었지만 아프리카인들의 딱한 사정을 듣고 분연히 일어선 애덤스는 역사에 길이 남을 명변론을 펼칩니다. 그 내용은 미국의 검사와 로스쿨 교수가 함께 쓴 『세상을 바꾼 법정』이라는 책에 다음과 같이 소개되어 있습니다.

(······) 저는 우리의 선조가 미국을 세울 때 기초한 자연법과 하느님의 법 이외에 제 의뢰인에게 적용될 어떠한 법도 알지 못합니다. (······) 조약에 따라 반환되어야 하는 것은 선박과 상품입니다. 상품이라는 말에 인간도 포함되는 것입니까? (······) 이러한 원리를 인정한다면 인간은 짐승의 수준으로 격하될 것이고 모든 신성한 인간관계는 오로지 힘 앞에 굴복할 것입니다. (······) 저는 이 법원이 정의의 법정이라는 것을 믿습니다.

이 변론이 있고 나서 일주일 후인 1841년 3월 9일, 마침내 미국연방대법원은 원고의 주장을 기각하고 아프리카인들은 모두 자유인이라는 최종 판결을 내렸습니다.

이후 모금활동 등을 통해 모인 자금으로 1842년 1월, 싱케와 아프리카인들은 꿈에도 그리던 고향 시에라리온으로 돌아갈 수 있었습니다. 납치되고 나서 2년 반 만의 일이었습니다.

하지만 아미스타드호 사건의 여진은 이들이 고향으로 돌아가고 난 후에도 계속해서 미국 사회를 뒤흔들었습니다. 노예 해방 문제가 미국에서 첨예한 쟁점으로 떠오르게 된 것입니다.

남부 지역의 주들은 노예 해방을 주장하는 북부가 자신들의 생존을 위협하고 있다고 강하게 반발했고 결국 연방 탈퇴를 선언하게 되었습니다. 이에 북부 주들이 연방 와해를 막기 위해 무력으로 탈퇴를 막으려 나서면서 미국 역사상 가장 큰 희생자를 낸 남북전쟁이 발발했습니다.

아미스타드 판결이 있고 나서 24년 후인 1865년의 일이었습니다. 이 전쟁에서 북부 주가 승리하면서 미국에서는 공식적으로 노예제도가 폐지되었습니다. 아미스타드호 사건은 이런 거대한 변화의 도화선과 같은 역할을 한 것입니다.

생각해 볼 문제

Q. 인간은 거래의 대상이 될 수 없다고 했지만 가발을 만들기 위해 머리를 잘라 파는 일은 가능하지 않나요? 어떤 차이가 있는 걸까요?

Q. 아프리카인들이 돈을 받고 노예가 되는 것에 동의했더라도 이 계약은 무효라고 할 수 있을까요? 당사자의 동의에 의해 이루어진 계약이라 해도 무효가 되는 경우는 어떤 것이 있을지 생각해 봅시다.

2

살기 위해서라면
다른 사람을 해쳐도 될까?

미뇨넷호 사건

✎ 메두사호가 남긴 묵시적 관행

혹시 〈메두사호의 뗏목〉이라는 그림을 본 적이 있나요? 금방이라도 거센 파도에 삼켜질 것 같은 허술한 뗏목에 수많은 사람들이 엉켜 매달려 있습니다. 벌써 숨을 거둔 것으로 보이는 사람들도 보이고 간신히 살아남은 사람들도 절망과 비탄에 휩싸인 가운데 오른쪽 아득한 수평선에 희미하게 보이는 배를 향해 붉은 수건을 흔들며 아우성을 치고 있습니다. 프랑스 화가 테오도르 제리코가 1819년에 그린 이 그림은 실제 사건을 바탕으로 한 작품입니다.

1816년 약 400명의 승객을 태운 프랑스 군함 메두사호는 세네갈을 향해 항해를 시작했습니다. 하지만 배는 암초에 부딪쳐 난파하고 말았

1819년 테오도르 제리코가 그린 〈메두사호의 뗏목〉.

습니다.

선장과 일부 승객은 구명보트에 탔지만 나머지 149명은 임시로 뗏목을 만들어 타게 되었습니다. 그런데 이 뗏목을 끌고 가기로 하고 구명보트에 탄 선장은 몰래 밧줄을 잘라내고 도망가 버렸습니다.

13일 동안 작은 뗏목 위에서 물과 식량도 없이 표류하게 된 사람들은 먹을 것이 떨어지자 서로 죽고 죽이는 지옥도를 연출했습니다. 질병으로 죽어나간 사람들도 많았기 때문에 마침내 지나가던 배에 의해 구조될 때는 조난자의 10분의 1인 15명만 겨우 살아 있었다고 합니다.

인공위성도 없이 먼 바다를 항해해야 했던 과거에는 이런 사고가 드물지 않았습니다. 따라서 난파되어 장기간 표류하다가 목숨이 경각에 달렸을 때는 제비뽑기를 통해 동료 중 일부를 희생시켜서라도 살아남는 것이 선원들 사이의 묵시적인 관행처럼 여겨지기도 했습니다.

이런 관행이 공식 재판으로까지 이어져 후대에 많은 논쟁거리를 남긴 유명한 사례가 미뇨넷호 사건입니다. 이 사건은 메두사호 사건이 일어나고 약 70년 후인 1884년 영국에서 발생했습니다. 선장인 더들리와 항해사 스티븐스, 선원인 브룩스, 심부름을 하던 파커, 이렇게 네 사람이 탄 배는 호주로 향하던 중 풍랑을 만나 침몰했습니다.

구명보트를 타고 탈출했으나 얼마 지나지 않아 보트 안에는 먹을 것이 모두 떨어졌습니다. 선장은 제비뽑기를 하자고 했지만 브룩스의 반대로 없던 일이 되었습니다. 하지만 일주일을 버틴 끝에 갈증을 참지 못하고 바닷물을 마신 파커가 고통에 몸부림치자 어차피 죽을 사람이니 희생자로 삼기로 합의하고, 파커를 살해해서 갈증과 허기를 채웠습니다. 다행히 비극이 있고 나서 나흘 뒤 남은 세 사람은 지나가던 독일 배에 구조될 수 있었습니다.

더들리 선장은 식인 행위가 남은 사람을 살리기 위해 한 일이었고, 선원들 사이에 관행으로 여겨지기 때문에 범죄라고 생각하지 않았습니다. 그래서 영국에 도착하자마자 사건의 전말을 솔직하게 털어놓았는데 그의 예상과 달리 영국 정부는 살아남은 세 사람을 살인죄로 재판에 회부하기로 했습니다.

나라면 누구의 목숨을 구할까

이 사건에서 가장 큰 쟁점은 '내가 살아남기 위해 다른 사람의 목숨을 빼앗아도 되는가'의 문제입니다.

사실 이 문제에 대한 고민은 역사가 상당히 오래되었습니다. 2000여

년 전인 기원전 2세기 그리스의 철학자 카르네아데스는 '카르네아데스의 판자'라고 불리는 다음과 같은 수수께끼를 제시했습니다.

배가 난파되어 선원들이 모두 바다에 빠졌다. 얼마 후 다른 선원들은 모두 숨졌는데 딱 한 사람만 커다란 판자를 붙잡고 살아남았다. 그런데 어디선가 간신히 숨이 붙어 있던 다른 사람이 나타나 판자에 매달리려고 했다. 먼저 판자를 차지한 선원은 두 사람이 매달리면 판자가 가라앉아 둘 다 죽을 것으로 판단하고 나중에 온 사람을 힘으로 밀쳐내어 빠져 죽게 만들었다. 이 사람이 구조되어 재판을 받는다면 유죄인가 무죄인가?

여러분의 생각은 어떤가요? 이 사람은 유죄일까요, 무죄일까요?

일단 다른 사람을 죽음에 이르게 했으니 법을 어긴 것은 맞습니다. 하지만 내가 죽지 않으려면 다른 방법이 없으니 어쩔 수 없는 예외로 보아야 하지 않을까 하는 생각도 들 겁니다. 법에서는 이런 문제를 '긴급피난'이라는 개념을 통해 설명합니다.

긴급피난은 내가 급박한 위기에 처했을 때 이를 피하기 위해 어쩔 수 없이 다른 사람에게 피해를 입히게 되는 경우를 말합니다. 예를 들어 태풍을 피하기 위해 배를 해안 쪽으로 몰다가 어쩔 수 없이 양식장의 그물을 파손했다면 그물에 대해서는 당연히 손해배상을 해줘야겠지만 재물손괴 같은 범죄로 처벌하지는 않는다는 것입니다.

정당방위라는 용어가 떠오를 수도 있겠네요. 하지만 정당방위는 다른 사람의 공격에 대한 방어 행위를 의미하기 때문에 긴급피난과 약간 차이가 있습니다.

카르네아데스의 판자 문제에서 먼저 판자를 잡은 사람은 자신이 살아남기 위해 다른 사람이 판자를 잡지 못하도록 밀쳐낸 것이죠. 그러니 긴급피난에 해당한다고 주장할 수도 있을 것입니다. 하지만 그물이 찢어지는 피해는 나중에 돈으로 원상을 회복할 수 있는 문제지만, 판자를 잡지 못하도록 밀어낸 것은 타인의 생명을 빼앗은 것이기 때문에 어떤 방법으로도 회복이 될 수 없다는 점에서 큰 차이가 있습니다.

긴급피난을 생명 문제까지 확대해서 적용한다면 어떻게 될까요? 자신의 생명이 위급해지면 다른 사람의 생명을 희생시켜도 된다는 생각에서 인명을 경시하고 함부로 해를 입히는 일이 늘어나지 않을까요? 그래서 단순히 '내가 살기 위해서는 타인을 죽여도 된다'라는 식으로 원칙을 정할 수는 없을 것입니다.

그런데 미뇨넷호 사건은 카르네아데스의 판자보다 한 걸음 더 나아간 질문을 던지고 있습니다. 내가 살기 위해 남을 죽여서는 안 된다고 했지만, 여러 사람의 목숨을 살리기 위해 한 사람을 희생시키는 것이라면 어떨까요?

재판에 회부된 더들리 선장이 펼친 주장의 핵심이 바로 이것이었습니다. 네 명이 모두 죽는 것보다 한 명의 목숨을 희생시키는 것이 선장으로서 당연히 택해야 할 방향이었다는 것이지요.

이 문제는 법철학의 차원에 앞서 '카르네아데스의 판자'를 보다 확장한 '트롤리의 문제'로 중요하게 다루어지고 있습니다. 트롤리는 일종의 기관차입니다. 문제는 다음과 같습니다.

당신은 시속 100킬로미터 속도로 질주하는 기관차의 기관사다. 그런데 기관차의 브레이크가 고장나서 속도를 줄이는 것이 불가능하게 되었다. 바로 앞의 철로에는 다섯 명의 인부가 일을 하고 있어서 이대로 가면 이들 모두 목숨을 잃게 될 상황이다. 옆의 비상선로에는 한 명의 인부가 있어서 이쪽으로 기차를 돌리면 희생자는 한 사람으로 줄어들게 된다. 당신은 어떤 선택을 할 것인가?

도덕철학자 필리파 푸트(Philippa Foot)가 처음 제시한 이 딜레마에 많은 사람들은 희생자를 한 명으로 줄이는 것이 옳다고 답할 것입니다. 더 많은 사람들에게 행복을 보장하는 것이 옳은 일이라고 보는 이런 관점을 '공리주의*'라고 합니다.

하지만 마음 한구석에는 이런 선택이 과연 옳은 것일까 하는 의문도 떠오릅니다. 다섯 명의 사람을 구하자고 다른 선로에 있었을 뿐 사고와 전혀 상관없었던 엉뚱한 사람의 목숨을 빼앗게 된 셈이니까요.

더 나아가 브레이크 고장은 내가 어찌할 수 없는 사고지만 선로를 바꾸어 한 사람을 희생시키는 행동은 나의 적극적인 선택이라는 점에서 '어떤 경우에도 사람의 생명을 빼앗아서는 안 된다'는 절대적인 원칙을 깨뜨린 것이기 때문입니다.

이렇게 사람의 수, 행복의 크기와 상관없이 핵심적인 도덕적 원칙을 반드시 지키는 것이 옳다고 보는 입장을 의무론이라고 합니다. 이에 따르면 자신의 의지에 따른 행위의 결과로 발생하게 되는 희생에 대해서는 나에게 책임이 있다고 할 수 있으니 오히려 선로를 돌린 행위가 도덕적으로 비난을 받게 됩니다.

미뇨넷호의 재판은 바로 이런 공리주의에서 의무론으로의 관점 전환으로부터 시작된 것이었습니다.

공리주의
19세기 중반 영국에서 나타난 사상으로 공리성(utility)을 가치 판단의 기준으로 한다.

🖋 이상한 재판과 이상한 처벌

다시 1884년의 영국으로 돌아가봅시다. 먼저 생각해 볼 것은 왜 당시에 '배가 난파될 경우 제비뽑기를 통해 희생자를 정하는 것'이 묵시적인 관행이 될 만큼 많은 사람들에게 받아들여지고 있었을까 하는 점입니다. 조금만 생각해 보면 쉽게 알 수 있는 일입니다.

당시엔 원양항해가 위험한 일이었고 난파와 조난이 드물지 않았습니다. 앞서 소개한 메두사호의 난파 사건처럼 엄청난 비극까지는 아니어도 배로 여행하는 이들에게 난파의 위험은 피부에 닿을 만큼 가까운 가능성이었습니다. 따라서 만약 내가 저런 상황에 처한다면 나 역시 같은 선택을 할 수밖에 없을 것이라는 점에 광범위한 동의가 있었던 것입니다.

따라서 우리의 예상과는 달리 당시 여론은 세 선원들에게 대단히 우호적이었다고 합니다. 살인죄로 기소되었다는 소식을 듣고 더들리 선장이 처음 보인 반응은 두려움이 아니라 분노였습니다. 말도 안 되는 재판이라는 생각이었을 것입니다.

언론 매체에서도 이것이 왜 재판 대상이 되는지 모르겠다는 논조였습니다. 심지어 살해된 리처드 파커의 형은 세 선원을 만나 악수를 하며 자신 역시 뱃사람으로서 세 사람의 선택이 올바른 것이라고 생각한다고 말했습니다. 재판에 참여한 배심원들도 당연히 이들은 무죄라는 생각을 가지고 있었습니다.

그렇다면 영국 정부에서는 여론을 알면서도 재판을 강행한 이유는 무엇일까요? 여기에는 당시 세계 최고의 제국으로 뻗어나가던 영국의 상황이 영향을 주었습니다.

1700년대만 하더라도 포르투갈, 스페인 등의 해양 강국에 한 발 뒤져 있던 영국은 배들을 약탈할 권리를 국가적으로 인정해 주는 '사략선(privateer)'이라는 제도를 공공연히 두고 있을 만큼 후발주자였습니다. 말하자면 당시의 해적은 국가에서 공인한 직업이었던 것이지요.

그러다 1800년대 빅토리아 여왕의 시대에 와서 영국은 스페인의 무적함대를 격침시키고 최고의 강국으로 부상하며 전 세계에 식민지를 건설합니다. 1850년대에 스스로 만들었던 해적을 불법화하는 법을 통과시킨 것은 이제 영국이 '문명국가'로 나아가겠다는 자신감의 선언이기도 했습니다.

문명국이라는 표현은 식민지 개척의 명분으로도 매우 유용했습니다. 인도, 아시아, 아프리카 등에 식민지를 건설하면서 영국이 내세웠던 주장은 '이것은 약탈이 아니라 앞선 문명국이 야만적인 국가들을 개화시키는 과정'이라는 것이었습니다.

야만의 대표적인 사례로 내세웠던 것이 일부 지역의 식인 풍습이었습니다. 이들은 같은 인간을 잡아먹을 만큼 미개하고 야만적인 사람들이니 예의와 도덕을 갖춘 영국 같은 문명국이 올바른 길로 이끌어주는 것이 당연한 사명이라고 포장한 것입니다.

미뇨넷호 사건이 발생한 1800년대 후반은 이런 영국의 국제적 위신과 자신감이 절정으로 올라가던 시절이었습니다. 그런데 이런 영광의 계단에서 묵시적 관행으로 잊혀가던 난파 선원들의 식인 문제가 불거진 것입니다. 그것도 하필 독일의 배에 구조되는 바람에 선원들의 송환 과정에서 여러 나라의 신문에 보도가 되었습니다.

따라서 '다른 나라를 야만스럽다고 비판하던 신사의 나라 영국도 식인을 하고 심지어 처벌을 받지도 않는다'는 비난을 피하려면 어떻게든 처벌을 해야 했기에 예외적으로 재판이 이루어지게 된 것입니다.

재판 과정은 난항의 연속이었습니다. 애초에 당사자들의 자백 외에는 증거가 없는 범죄였기 때문에 세 사람 모두 진술을 거부하고 묵비권을 행사한다면 재판의 진행 자체가 불가능했습니다. 그래서 세 명 중 가담 정도가 낮은 브룩스가 증언을 하는 대신 죄를 사면받는 조건으로 재판을 진행하기로 해서 선장 더들리와 항해사 스티븐스만이 피고가 되었습니다.

죄를 묻기로 처음부터 작정을 하고 시작된 재판이기 때문에 동정적인 여론과 배심원들의 반대에도 불구하고 판사의 일방적인 재판 진행을 통해 유죄가 선고되었습니다. 살인죄가 유죄로 인정되었고, 이에 해당하는 처벌은 사형뿐이라서 두 사람은 교수형을 받게 되었습니다.

하지만 영국 정부가 아무리 막무가내라고 해도 전례가 없던 범죄에 대해, 더구나 대부분의 사람들이 부정적인 의견을 가지고 있는 상황에서 사형까지 집행하기에는 부담이 너무 컸습니다. 그래서 약 6개월가량 수감되었던 두 사람이 가석방 처분을 받고 풀려나오는 것으로 사건은 마무리되고 말았습니다.

✒ 다수의 행복은 언제나 옳을까?

그렇다면 이 사건은 단지 선진국의 체면을 세우고 싶었던 영국 정부의 욕심 때문에 생긴 해프닝에 불과할까요? 이 사건의 이면에 깔려 있는 정의에 관한 철학인 공리주의의 문제점을 보다 깊이 생각해 보면 그리 간단한 사건이 아님을 알 수 있습니다.

많은 사람들은 공리주의적 사고를 바탕으로 옳고 그름을 판단합니다.

우리 사회의 정책이나 법제도 역시 다수의 이익을 우선시하는 방향으로 작동하는 경우가 많습니다.

하지만 단순히 다수의 이익 그 자체를 '선'이라고 여긴다면, 소수의 불이익을 당연시하고 더 나아가 희생을 강요하는 폭력을 정당화하는 논리로까지 발전할 수 있습니다.

원자력발전소에서 나오는 폐기물을 어떻게 처리할까 고심하던 어느 나라에서 수십 명의 주민이 사는 작은 섬을 핵폐기물 처리장으로 지정하기로 했다고 가정해 봅시다. 인구가 수십만, 수백만을 헤아리는 대도시를 위험에 빠뜨리기보다는 수십 명의 주민이 희생하는 것이 공리주의적 판단에서는 당연히 옳은 일일 것입니다.

그러나 만약 여러분이 그 섬에 살고 있는, 대를 이어 오랫동안 살아온 주민이라 해도 이런 결정을 옳은 일이라고 할 수 있을까요? 그 섬이 핵폐기물 처리장으로 지정된 것은 불과 몇십 명밖에 살지 않아 목소리를 크게 낼 수 없는, 힘없는 곳이기 때문이 아닐까요?

미뇨넷호의 사건도 이런 관점에서 다시 살펴보면 의문스러운 부분이 많습니다. 사실 선장이 무죄를 주장하며 줄기차게 이야기한 선원들의 관행은 그냥 아무나 희생시키는 것이 아니라 제비뽑기였습니다. 하지만 이 사건에서는 생존자 중 한 명인 브룩스의 반대로 제비뽑기는 이루어지지도 않았습니다. 그러니 이 사건은 이미 관행의 범위를 벗어나 있습니다.

선장은 그다음 날 아침에 일어나 보니 바닷물을 마신 파커가 괴로워하고 있어서 "어차피 죽을 것이기 때문에" 희생시켰다고 말했습니다. 하지만 이 광경을 목격한 것은 선장뿐이기 때문에 실제로 바닷물을 마셨는지, 정말로 죽음에 임박한 상황이었는지는 알 수 없습니다.

게다가 파커는 견습선원으로 가장 나이가 어리고 힘이 약한 사람이었습니다. 형이 있기는 했지만 부모님이 모두 돌아가신 고아라서 이런 사고를 당한다고 해도 아무도 편들어줄 이 없는 제일 '만만한' 대상이었습니다. 과연 파커가 희생된 것은 단순한 우연이었을까요?

우리는 흔히 다수결이 가장 민주적인 의사 결정 방법이라고 알고 있습니다. 하지만 다수결은 때로 다수가 소수에게 행사하는 폭력을 합리화하는 방법이 될 수도 있습니다.

앞서 말씀드린 핵폐기물 처리 장소의 결정 문제를 국민투표로 결정한다면 어떤 결과가 나올까요? 양심에 가책을 받은 몇몇 사람들이 섬 주민들의 편을 들어줄지도 모르지요. 하지만 최종적인 결과는 그냥 섬 주민들이 희생하는 것으로 나올 가능성이 높지 않을까요? 그게 다수의 '우리'에게 이득이 되는 일이니까요.

이런 불합리한 일을 막기 위해서 민주적인 의사 결정의 가장 기본적인 원칙은 '만장일치'라야 합니다. 만약 다수결이라는 의사 결정 방법을 택하기로 했다면 사전에 다수결로 결정하자는 데에 만장일치로 동의해야 합니다.

이렇게 번거롭고 복잡한 방식을 택하는 것은 개인에게 어떤 경우에도, 어떤 다수의 결정에도 침해되어서는 안 되는 절대적인 권리가 있다고 믿기 때문입니다. 가장 소중한 생명권이 그렇고, 보다 포괄적인 차원에서 인간의 존엄성이 바로 절대적으로 보장되어야 하는 권리입니다.

미뇨넷호의 재판은 시끌벅적한 재판 과정에 비해 논리적 근거가 치밀하지 못한 판결, 두루뭉술한 형 집행으로 마무리되고 말았습니다. 하지만 이 모든 과정은 사람들의 마음에 큰 반향을 일으켰습니다.

비록 형이 집행되지는 않았지만 내가 살아남기 위해서 타인을 희생시키는 것이 얼마든지 가능하다는 생각은 잘못되었고 법적인 처벌을 받을 수도 있다는 시대적 변화를 많은 사람들이 되새기게 되었습니다.

가장 중요한 것은 비극적 사건의 희생자로 덧없이 잊힐 뻔한 소년 리처드 파커의 아픔을 기억하는 사람들이 생겼다는 것이 아닐까 합니다.

애드거 앨런 포의 문학 작품, 영국의 코미디 그룹인 몬티 파이톤의 에피소드 등에 리처드 파커의 이름은 거듭 등장합니다. 캐나다 작가 얀 마텔은 2001년 벵갈 호랑이와 단 둘이 난파된 소년 파이의 이야기를 다룬 『파이 이야기』라는 작품을 출판합니다. 이 책은 단숨에 세계적인 베스트 셀러가 되었고 그 힘을 바탕으로 2012년 영화화되어 아카데미상을 네 개나 받기도 했습니다.

이 작품에서 주인공 파이와 함께 보트 위에서 생사고락을 같이한 벵갈 호랑이의 이름 역시 리처드 파커였습니다.

생각해 볼
문제

Q. '다수결이 타당한 경우는 다수결로 결정하는 것에 모두가 찬성했을 때'라고 했습니다. 만약 미뇨넷호 사건에서 제비뽑기로 희생자를 정하는 것에 만장일치로 찬성했다면 리처드 파커를 희생시킨 것은 정당한 일이라고 할 수 있을까요?

Q. 아우슈비츠 행을 피하기 위해 세 아이를 데리고 도망친 어머니가 나치 독일군에게 쫓기게 되었습니다. 덤불숲에 숨어 있는데 품에 안고 있던 갓난 아기가 울기 시작했습니다. 들키지 않으려면 아기의 입을 틀어막아야겠지만 그러면 아기가 질식하게 될 것입니다. 네 명의 가족이 모두 희생될 것인가 아니면 스스로 한 명의 아기를 희생시킬 것인가 하는 기로에 선다면 어떤 선택을 할 것 같나요? 그 이유는 무엇인가요?

3
국가의 명령에
따른 것이 죄인가요?

아이히만 재판

🖋 냉혹한 독일군 장교 vs 평범한 공무원

1960년 5월 11일 늦은 저녁, 아르헨티나의 부에노스아이레스 거리에서 빠른 걸음으로 퇴근길을 재촉하던 신사의 앞을 건장한 청년 일곱 명이 가로막았습니다.

"리카르도 클레멘트 씨 맞습니까? 아니, 아돌프 아이히만이라고 불러드려야 하나?"

신사는 물끄러미 그들을 쳐다보더니 금세 체념한 듯한 말투로 대답했습니다.

"당신들, 이스라엘인들이오? 운명을 받아들여야 할 것 같군요."

건장한 청년들은 이스라엘의 첩보부 모사드 소속 요원들이었습니다. 이들은 클레멘트라는 가명으로 15년간 추적을 피해온 전직 독일군 중령 아이히만을 자동차로 납치했습니다. 그리고 약물을 투여하여 정신을 잃게 한 후 관 속에 숨겨 비행기를 통해 이스라엘로 옮겼습니다. 세계를 진동시킨 '아이히만 재판'의 시작이었습니다.

아이히만은 제2차 세계대전 당시 나치 독일의 친위대 장교였습니다. 나치에 대한 확고한 신념이나 군인 정신이 있었다기보다는 안정된 직장을 찾다가 나치에 가입한 것이기 때문에 전투보다는 행정 쪽 업무를 주로 맡았습니다.

문제는 그가 맡은 행정 업무가 유대인의 추방과 학살에 관련된 일이었다는 점입니다. 국가안보부의 유대인과 과장을 맡았던 그는 유럽 각지에서 유대인을 모아 강제수용소로 보내는 열차 수송 계획을 세우고 실행하는 역할을 맡았습니다. 상대적으로 눈에 덜 띄는 역할이었기 때문에 독일이 패전하고 나서 열린 전쟁범죄 재판에 회부되지 않고 미군 포로수용소에 갇혀 있다가 탈출하여 아르헨티나로 도주했던 것입니다.

제2차 세계대전의 기억이 사그라들던 시점에 이루어진 아이히만의 전격적인 체포와 유대인 국가인 이스라엘의 심장 예루살렘에서 벌어진 재판은 전 세계의 관심을 끌어모았습니다. 그런데 각국의 기자들이 운집한 가운데 방탄 유리로 둘러싸인 피고인석에 나타난 아이히만의 모습은 대중의 예상과 좀 달랐습니다.

세계 최고 수준의 첩보부대가 2년간의 작전 끝에 겨우 체포한 전쟁범죄자라는 보도들이 나왔습니다. 이를 본 많은 사람들은 오만하고 냉혹한 독일군 장교, 수백만 명이나 되는 무고한 사람들을 거리낌없이 죽음으로 내몬 무시무시한 악당의 모습을 상상했습니다. 그러나 그는 의외로 평범하고 나약한 공무원의 행색이었던 것입니다.

그의 주장 역시 예상과 달랐습니다. 악명 높은 나치의 친위대 장교로서 학살을 정당화하는 인종차별적 주장을 펼치지 않았습니다. 대신 유대인들에게 벌어진 엄청난 비극에 사과하면서 다만 자신은 평범한 공무원에 불과했기 때문에 상부의 명령에 따를 수밖에 없었다고 변명을 할뿐이었습니다.

"저는 권한이 거의 없는 '배달부'에 불과했습니다. 저에게 죄가 있다면 국가와 공무원 선서에 대해 복종했다는 것뿐입니다. 유대인을 학살한 것은 히틀러나 다른 상급자의 결정이었고 저는 거기에 따를 수밖에 없었습니다."

사람들은 그의 초라하고 비겁한 변명에 분노했지만 다른 한편으로는 혼란도 느꼈습니다. '만약 내가 저 상황이었다면, 전쟁 중에 업무를 수행해야 하는 공무원의 입장이었다면 다르게 행동할 수 있었을까? 과연 아이히만은 처벌을 받는 것이 옳은 것일까?' 이런 생각에 이른 것입니다.

🖋 범죄의 조건

우리는 흔히 '죄를 지었다'는 표현을 사용하지만 법률상으로 엄격히 따지자면 범죄는 '사회 질서를 문란하게 하는 행위'이며 이에 대해 국가가 가하는 제재를 '처벌'이라고 부릅니다.

다시 말하자면 개인과 개인 사이에 벌어지는 다툼이 아니라 국가가 나서서 질서 유지를 위해 강제력을 행사해야만 하는 상황이 벌어졌을 때 범죄로 규정하고 적절한 처벌을 부과한다는 것입니다.

이렇게 국가가 개인을 처벌하는 형벌권은 매우 강력한 권한이기 때문에 자칫하면 개인의 권리를 침해하거나 과도한 처벌을 하게 될 우려가 있습니다. 그래서 형법에서는 어떤 것이 범죄인지에 대해 매우 엄격하게 조건을 달아 국가가 형벌권을 남용하는 일을 막고 있습니다.

마치 깔때기로 하나하나 걸러내는 것처럼 세 가지 단계를 거쳐 범죄인지 아닌지 판단하는데 구성요건 해당성, 위법성, 책임성이 그 세 가지 단계입니다.

어떤 행위가 범죄가 되려면 먼저 법에서 금하는 범죄의 요건들을 갖추어야 합니다. 예를 들어 형법에 '사람을 살해하면 살인죄로 다스린다'고 되어 있다면 사람을 대상으로 살해에 이르는 행위를 할 경우 살인죄에 해당합니다. 이것을 구성요건 해당성이라고 부릅니다.

하지만 구성요건에 해당하더라도 범죄로 볼 수 없는 예외적인 상황도 있습니다. 어떤 사람을 칼로 찔러 상처를 입혔다면 상해죄에 해당한다고 할 수 있지만, 의사가 수술을 하기 위해 메스로 상처를 낸 경우라면 범죄라고 볼 수 없는 것처럼 말이지요. 이렇게 예외에 해당해서 범죄로 볼 수 없다고 판단하는 경우를 어려운 말로 위법성 조각이라고 합니다.

마지막으로 구성요건에도 해당하고, 예외로 볼 수 있는 상황도 아니라서 분명히 범죄에 해당하는 행위이기는 하지만 행위를 저지른 사람에게 책임을 묻기 곤란한 경우도 있습니다.

예를 들어 어린아이가 멋모르고 저지른 행위라든가, 정신병을 앓고 있는 사람이 자신이 무슨 짓을 하고 있는지도 모르고 폭행을 한 경우가 그렇습니다. 처벌을 한다고 해서 그 사람이 다시 그런 행위를 하지 않도록 막을 수도 없으니까요. 이런 경우 이들을 사회적으로 비난할 수 없다는 의미로 책임성 조각 사유에 해당하는 것으로 봅니다.

책임성 조각 사유 중 대표적인 것이 '강요에 의해 이루어진 행위'입니다. 어떤 사람이 다른 사람 머리에 총을 겨누고 위협하면서 친구를 때리라고 강요했다면 분명히 폭행을 행사했다 하더라도 어쩔 수 없는 행위이므로 때린 사람을 범죄로 처벌하는 것은 옳지 않습니다.

이런 범죄의 조건을 아이히만의 사례에 적용해 보면 어떻게 판단할 수 있을까요? 그는 분명히 유대인을 학살하는 범죄 행위에 가담했기 때문에 구성요건에 해당하는 범죄를 저질렀다고 볼 수 있고, 사람을 살해하는 행위는 위법성이 조각될 수도 없습니다. 하지만 그는 군인의 신분으로 명령에 복종해야만 하는 입장이었습니다. 직접 사람을 죽인 일은

+더 알아보기 **책임성과 미성년자의 범죄**

범죄 요건 가운데 하나인 책임성의 문제에서 가장 논란이 되는 것이 미성년자 문제다. 책임성은 자신이 하는 행위가 어떤 의미가 있는지 충분히 인식하지 못하는 미성숙한 단계에 있는 사람에게는 사회적으로 책임을 묻기 어렵다는 생각에서 비롯한 개념이다.

미성숙한 판단 능력이 기준이라면 민법상 법률 행위가 가능한 연령은 만 19세라는 점을 고려해서 형법에서도 동일한 기준을 적용해야 할 것으로 보인다. 그러나 실제로는 중·고등학생에 해당하는 연령대의 범죄가 적지 않아서 형법상 책임 연령은 만 14세로 정해져 있다.

대략 중학교 1, 2학년 이전까지는 범죄를 저질러도 형법상 처벌을 할 수 없다는 의미인데 왜 만 14세가 기준인지도 모호하고 학교폭력을 비롯해 더 낮은 연령대의 범죄도 심각하다는 이유로 기준 연령을 낮추어야한다는 주장도 제기되고 있다. 이런 사각지대의 문제를 해소하기 위해 만 10세 이상 만 14세 미만의 범법행위를 한 사람은 촉법소년으로 형벌이 아닌 보호 처분을 받도록 하고 있다. 보호 처분에는 보호관찰, 소년원 수용 등의 조치가 있다.

없고 단지 자신의 역할을 수행했을 뿐입니다.

재판에서 담당검사는 잘못된 명령에 저항하지 않고 따른 것 또한 범죄라고 볼 수 있다고 말했습니다. 하지만 과연 군인의 신분으로, 더구나 전쟁 중이라는 특수 상황에서 장교가 명령의 잘잘못을 따져가며 저항하고 심지어 명령을 거부하는 일이 가능했을지 의문이 들기도 합니다.

따라서 아이히만은 어쩔 수 없는 상황에 처해 있던 자신에게 법적으로 책임성을 물을 수 없으므로 무죄라고 주장했던 것입니다.

✑ 아이히만 재판의 문제점

재판이 진행될수록 법적으로 더 많은 문제들이 드러났습니다. 앞서 말했듯이 현대 민주사회에서의 형법은 국가의 형벌권을 최대한 제한하는 방향으로 만들어져 있기 때문에 죄와 형벌은 법에 정한 바에 따른다는 죄형법정주의를 핵심 원칙으로 삼고 있습니다.

따라서 행위가 이루어졌던 시점에 존재하는 법에 범죄로 규정되지 않은 행위를 사후에 법을 만들어 처벌할 수는 없습니다. 그랬다가는 내가 오늘 했던 평범한 행동이 몇 년 후에 법이 바뀌면 처벌의 대상이 될 수도 있는 불안한 상황이 벌어질 것이기 때문입니다. 이것을 법률불소급의 원칙이라고 합니다. 전쟁 중 아이히만의 행위는 당연히 당시 독일법으로는 문제가 없는 것이었습니다.

재판이 이루어진 곳도 논란이 되었습니다. 법률이 효력이 미치는 범위에 관한 원칙은 크게 그 사람의 국적에 따른 속인주의와 현재 그 사람이 살고 있는 지역에 따른 속지주의로 나누어볼 수 있습니다.

미국을 여행 중이던 우리 국민이 범죄를 저지를 경우 속지주의 원칙에 따라 현지에서 재판을 받게 됩니다. 하지만 외교관 등 예외를 인정받는 사람일 경우 속인주의에 따라 국내로 송환되어 국내법에 따라 재판을 받게 될 수도 있습니다.

아이히만 재판은 이 두 가지 원칙에 모두 벗어나는 재판이었습니다. 속지주의에 따르자면 아르헨티나에서 재판을 받았어야 했고, 예외적 상황으로 인정되어 속인주의에 따른다 해도 독일 국적이므로 독일로 송환되어 재판을 받아야 했는데 엉뚱하게도 제3국에 해당하는 이스라엘에서 재판이 열린 것입니다. 따라서 아이히만의 변호인은 이스라엘 법원이 과연 재판 관할권이 있는지에 대해 문제를 제기하기도 했습니다.

가장 큰 문제는 아이히만의 체포와 이송 과정이었습니다. 모사드는 아르헨티나에서 아이히만을 체포하면서 아르헨티나 당국에 통보하고 협의하는 과정을 전혀 거치지 않고 화물로 위장하여 이스라엘로 데려왔습니다. 이는 명백한 불법 체포이자 납치였습니다. 아이히만을 데려오는 과정이 불법적이었다는 것은 재판 과정에서도 공식적으로 인정되었기 때문에 더욱 큰 논란을 불러왔습니다.

큰 죄를 지은 중요한 범죄자를 체포하는 긴급한 작전 과정에서 어쩔 수 없이 절차를 일부 생략하는 것은 있을 수 있는 일이 아닌가 하는 생각도 할 수 있습니다.

하지만 죄형법정주의에서 갈라져 나온 중요한 원칙 가운데 하나는 적법절차의 원칙입니다. 국가가 형벌권을 남용할 위험을 막기 위해 수사 및 처벌 등 형벌권이 행사되는 과정에서는 법이 정한 절차에 반드시 따라야 한다는 원칙입니다.

그래서 수사 과정에서 위법하게 수집된 증거는 법정에서 증거로 사용할 수 없도록 하고 있습니다. 과정이 잘못되었으면 그 결과도 인정할 수 없다는 뜻에서 '독나무에서 열린 열매는 독과일이다'라고 비유하기도 합니다. 그렇다면 아이히만은 유대인들의 복수심에 의해 부당하게 처벌받은 희생자였던 것일까요?

✒ 범죄를 저지른 그는 평범했다

사실 이와 같은 논란은 아이히만의 재판이 있기 15년 전, 그러니까 제 2차 세계대전이 마무리된 1945년부터 약 3년간 독일의 뉘른베르크에서 열린 전쟁범죄에 관한 국제 재판에서 이미 제기되었던 문제들입니다.

나치 독일의 수장이었던 히틀러가 이미 자살한 상황에서 전범 재판에 회부된 수십 명의 독일 고위급 군인과 정치가들은 한결같이 주장했습니다. 자신들은 전쟁 상황에서 맡은 바 역할을 충실히 했을 뿐이며 더 나아가 패전국의 군인과 관료들만을 처벌의 대상으로 삼는 이 재판 자체가 부당하다고 말입니다.

하지만 나치당의 핵심 도시였던 뉘른베르크를 골라 전례 없는 국제 재판을 벌였던 연합국 담당자들의 목표는 단순히 패전국에게 복수하겠다는 것이 아니었습니다. 그보다 수많은 사람의 생명과 재산을 앗아간 세계대전이라는 초유의 비극이 다시는 발생하지 않도록 이정표를 세우겠다는 원대한 포부가 있었습니다.

미국 측을 대표해서 기소를 담당했던 로버트 잭슨 검사는 평화를 깨뜨리고 전쟁을 일으키는 것을 범죄로 보아 처벌해야 한다는 점을 다음과 같이 강조했습니다.

독일 뉘른베르크에서 열린 전범 재판 중 피고인석에 앉아 있는 나치 전범들.

"독일의 옛 지도자들을 법 앞에 세운 것은 그들이 전쟁에서 졌기 때문이 아니라, 전쟁을 시작했기 때문이라는 점을 독일인들에게 주지시켜야 합니다. (……) 이 재판의 진짜 고소인은 '문명'입니다."

전범 재판에서 전쟁을 일으킨 범죄 외에 새로이 부각된 중요한 과제는 나치가 저지른 인권침해를 어떻게 단죄할 것인가 하는 점이었습니다. 유대인 학살, 인간을 대상으로 한 의료실험 등 심각한 인권침해 행위의 상당수는 독일 내에서 벌어졌기 때문에 다른 나라의 재판관들이 여기에 개입해서 처벌할 권한이 있는가 하는 문제도 제기되었습니다.

하지만 인간의 기본적인 인권을 심각하게 침해하는 행위는 인류애의 차원에서 막아야 하므로 국경을 초월해서, 때로는 공소시효나 관할권을 넘어서 개입하는 것이 타당하다는 주장이 제기되었습니다. 이에 따라 '반인륜 범죄(crimes againt humanity)'라는 개념이 만들어졌습니다.

아이히만은 유대인들을 학살하는 데 중요한 역할을 담당했기 때문에 국제법상 반인륜 범죄를 저지른 것으로 볼 수 있습니다. 따라서 체포와 재판 과정에서 법의 일반 원칙을 벗어난 부분이 있다 해도 그것만으로 아이히만의 재판이 잘못된 것이라고 보기는 어려울 것입니다.

만약 죄형법정주의와 법률불소급의 원칙을 곧이곧대로 적용한다면 국가적 차원에서 이루어지는 범죄는 원칙적으로 처벌이 불가능할 것입니다. 왜냐면 나쁜 국가가 나쁜 법을 바탕으로 범죄를 저지르는 것은 언제나 '합법'으로 인정받을 것이기 때문입니다.

일제강점기에 일본인들이 우리 국민들을 수탈하고 탄압한 수많은 범죄 행위들을 '당시 법으로 보자면 합법'이라며 아무런 문제가 없다고 강변한다면 받아들일 수 없겠지요.

그래서 문제는 다시 맨 처음 던졌던 질문으로 돌아옵니다. 과연 나라면 그런 상황에서 부당한 명령을 거부할 수 있을까? 예루살렘으로 날아가 아이히만의 재판을 현장에서 끝까지 지켜봤던 유대인 철학자 한나 아렌트는 재판의 진행 과정에서 발전시킨 자신의 철학적 사고를 담아 『예루살렘의 아이히만』이라는 책을 펴냅니다. 이 책에서 아렌트는 유명한 '악의 평범성(banality of evil)'이라는 개념을 제시했습니다.

흔히 우리는 악행이 정상적이지 않은, 무지막지한 악당에 의해 저질러진다고 상상합니다. 하지만 실제로 거대한 악행은 보통 사람들이 일상적으로 하는 행위들이 쌓여 이루어진다는 것이 이 개념입니다.

시키는 대로 유대인들을 체포하고, 시키는 대로 수송하고, 시키는 대로 가두고, 명령대로 가스실의 밸브를 여는 하나하나의 '생각 없음(thoughtlessness)'들이 모여 600만 명의 목숨을 빼앗는 어마어마한 학살이 완성된 것입니다.

따라서 중요한 것은 하루하루 내가 하고 있는 일들이 어떤 의미를 지니고 있는지, 어떤 것이 옳은 일이고 어떤 것은 그렇지 않은지 매번 고민하고 반성하며 주체적인 인간으로서 끊임없이 생각을 하려고 노력하는 것입니다. 나 혼자의 힘으로 세상의 부당한 일을 한꺼번에 바꿀 수는 없을지라도 한 명 한 명의 생각이 모이고 쌓이면 '정의의 평범성'을 이룰 수 있지 않을까요?

수많은 이들의 죽음에 대한 책임을 피할 수 없었던 아이히만은 결국 1년이 넘는 재판 끝에 1961년 12월 15일 사형을 선고받고 이듬해인 1962년 5월 31일 형장의 이슬로 사라졌습니다.

생각해 볼 문제

Q. 여러분이 아이히만의 입장이었다면 어떤 선택을 했을까요? 왜 아이히만은 유죄 선고를 받았을지 생각해 봅시다.

Q. 아렌트가 비판한 '생각 없음의 죄'가 어떤 것인지 말해 봅시다. 이런 '악의 평범성'을 극복하려면 어떤 노력이 필요할까요?

4
우리 아이는 학교 안 보냅니다!

요더 사건

✎ 종교의 자유와 수정헌법 제1조

중세 사회에서 근대 사회로의 변화를 가져온 시민혁명에서 가장 중요한 권리는 자유권이었습니다. 신분제도를 바탕으로 억압받던 개인의 권리를 최대한 보장받기 위해서는 개개인의 고유한 가치와 권리를 인정하고 이를 바탕으로 정치제도가 구성되는 민주주의로의 이행이 필연적이었습니다.

시민혁명을 주도한 세력이 상공업 계층, 즉 부르주아들이었기 때문에 가장 중요하게 여겨진 자유권은 재산에 관련된 것이었습니다. 자신의 재산을 함부로 빼앗지 못하게 하고, 자유롭게 거래할 수 있는 권리를 확보하려 한 것이죠.

이와 함께 자유권의 또다른 축을 이룬 것은 신앙의 자유였습니다. '신의 시대'로 불리는 중세 유럽을 지배했던 가톨릭교(구교)의 부정과 부패에 저항하면서 프로테스탄트(protestant) 즉, '반대하는 자'라는 이름으로 개신교(신교)가 등장했습니다.

구교와 신교의 충돌은 제1·2차 세계대전 전까지 가장 큰 규모의, 기간으로만 보면 세계대전보다 훨씬 오래 지속되었던 '30년 전쟁'으로 이어지기도 했습니다.

메이플라워호를 타고 신대륙으로 건너와 미국 탄생의 기초를 만든 사람들도 종교적 박해를 피해 신앙을 지키겠다는 생각으로 목숨을 건 항

+ 더 알아보기 **30년 전쟁**

1618년부터 1648년까지 약 30년간에 걸쳐 독일을 무대로 거의 유럽 전 국가들이 참전해서 벌어진 국제전이다. 처음엔 구교와 신교의 대립으로 시작된 전쟁이었으나 점차 거대 국가 간의 영토 싸움으로 확대되었다. 30년간 겨울에도 쉬지 않고 계속 전투가 벌어졌기 때문에 유럽 전역이 피폐해졌는데 특히 핵심 전장이었던 독일의 피해가 극심했다. 최종적으로는 프랑스가 참전하여 신교의 편에 섬으로써 전쟁이 종결되었다.

전쟁이 길어지면서 평화를 염원하는 사람들이 늘어나 그로티우스의 『전쟁과 평화의 법』이라는 책이 큰 호응을 얻었다. 이 책의 내용은 후에 국제법의 토대를 쌓은 것으로 평가된다.

전쟁을 종결시킨 베스트팔렌 조약은 국가 간에 맺은 최초의 국제조약인 동시에 국제사회라는 말을 탄생시킨 사건으로 기록되기도 한다. 이 종전 선언에 '개인의 종교의 자유 보장'이라는 문구가 들어갔기 때문에 개인의 권리, 종교의 자유라는 개념이 널리 퍼졌고 이후 민주주의의 등장, 종교의 자유를 주장하는 다양한 종교 분파의 형성에 큰 영향을 주었다.

해를 한 청교도들이었습니다.

　1620년 12월 플리머스에 도착한 첫 번째 청교도들은 혹독한 추위와 굶주림으로 몇 달 만에 절반이나 사망하는 고초를 겪었습니다. 그러나 이에 굴하지 않고 꾸준히 이민자들의 발길이 이어져 마침내 정착에 성공할 수 있었습니다. 그러니 이들이 영국과의 독립전쟁 후 연방국가를 만들어내는 과정에서 가장 중요한 원리로 '신앙의 자유 보장'을 내세운 것은 당연하다 할 것입니다.

　그래서 미국 헌법에서 기본권 조항에 해당하는 수정헌법의 제1조는 다음과 같은 내용을 담게 되었습니다.

　　의회는 종교를 만들거나, 자유로운 종교 활동을 금지하거나, 발언의 자유를 저해하거나, 출판의 자유, 평화로운 집회의 권리, 그리고 정부에 탄원할 수 있는 권리를 제한하는 어떠한 법률도 만들 수 없다.

'종교를 만들거나'라는 부분은 국가 차원에서 특정 종교를 국교로 지정하거나 어떤 종교에 편향적인 태도를 취해서는 안 된다는 뜻으로 해석됩니다. 청교도들은 당시 영국의 국교였던 성공회와의 마찰로 미국행을 택했기 때문에 새로 만들어지는 미국에서는 국교 지정을 막으려 했던 것입니다.

　애초에 이 조항은 종교의 자유권을 보장하기 위한 목적으로 만들어졌으나 발언의 자유, 출판의 자유, 집회의 권리 등을 함께 담고 있기 때문에 사상과 학문의 자유, 언론의 자유 등을 보장하는 근거로도 확대해서 적용되고 있습니다. 우리가 익히 들어온 '국민의 알 권리'도 이 조항에 근거해서 미국 언론에서 사용되던 것이 우리에게 전해진 것입니다.

특히 이 조항 끝의 '어떠한 법률도 만들 수 없다'라는 내용은 예외없는 절대적 금지라는 점에서 강력한 조항입니다. 그렇다면 만약 종교의 자유가 국가의 정책 또는 다른 법률과 충돌하는 경우에는 어떻게 해야 할까요?

근대 민주사회는 입헌주의를 바탕으로 정치와 종교를 분리하고 국민 다수의 의견으로 만들어진 법률이 종교의 교리나 관습보다 우선시된다는 세속주의를 바탕으로 만들어졌습니다. 하지만 종교의 자유를 어떠한 경우에도 제한할 수 없다면 법과 종교가 충돌할 때 어떻게 판단을 해야 할까요? 이 까다로운 질문이 1972년 미국 사회에 던져졌습니다.

아미시교와 위스콘신주의 충돌

청교도들이 그랬듯이 아미시(amish) 교도들도 종교적 박해를 피해 1693년 스위스에서 미국으로 건너온 사람들입니다. 정통 기독교에 대한 믿음이 완고해서 현대 문명을 거부하여 전기도 사용하지 않고 자동차 대신 마차를 타고 다니며 군복이 연상된다고 해서 단추 달린 옷도 안 입고 허리띠의 버클도 착용하지 않는다고 합니다.

남자들은 턱수염을 기르고 여자들은 발목까지 내려오는 긴 치마를 입는 등 보수적인 모습이지만, 농업이나 목공예에 종사하며 성실하게 살아가는 사람들이기 때문에 미국 내에서도 좋은 평을 받고 있는 공동체입니다. 문제는 이들의 신앙이 근면, 성실, 신 앞의 겸손한 삶 등을 강조하고 있기 때문에 세속의 교육 제도를 그리 탐탁하게 여기지 않았다는 것입니다.

위스콘신주 교육법은 고등학교까지를 의무교육 기간으로 지정하고 있습니다. 하지만 열심히 노동하여 먹고살도록 한 자신들의 신앙에 따르면

자동차보다는 마차를 타고 다니는 아미시 교도들.

너무 많이 배우는 것은 오히려 오만하고 방자한 심성을 갖게 하여 신실함을 해친다고 생각하는 아미시 교도들이 많았습니다.

현실적으로는 목공예 일을 배우고 농사일을 도와야 할 나이의 청소년들이 멀리 있는 고등학교까지 버스를 타고 등하교를 하게 되면 농삿일에도 타격이 있고, 아이들이 생활에 필요한 기술을 제때 습득할 수 없다는 문제도 있었습니다. 나아가 이렇게 공동체에 적응하지 못한 아이들이 도시로 나가 살려고 할 경우 공동체의 와해도 우려되는 부분이었습니다.

고등학교 의무교육을 놓고 옥신각신하며 몇십 년이 흐르던 중 베트남전쟁이 발발했습니다. 미국의 참전을 반대하는 젊은이들의 저항이 68학생운동, 히피 운동으로까지 이어지게 되자 이런 '나쁜 버릇'에 물들 것을 우려한 세 명의 아미시 학부모들이 자녀들을 고등학교에 보내지 않겠다고 선언해 버렸습니다. 그러자 위스콘신주는 벌금을 물리는 한편 세 학부모를 구금하는 사태에 이르렀습니다.

아미시 교도들은 분쟁이 있으면 '오른쪽 뺨을 맞으면 왼쪽 뺨도 내밀

어라'라는 『성경』의 정신에 따라 맞서 싸우지 않는 전통을 가지고 있습니다. 그런데 이 문제는 아미시 공동체의 미래가 걸린 중대한 사안이라는 공감대가 형성되어 '아미시 종교자유 전국협회'가 창설되었고, 이 단체를 중심으로 위스콘신주와 소송이 벌어지게 되었습니다.

이 소송은 세 명의 학부모 중 한 명이었던 요나스 요더(Jonas Yoder)의 이름을 따서 '요더 사건'이라고 불리게 되었습니다.

아미시 교도들의 손을 들어주다

아미시 교도들이 내세운 가장 중요한 법적 근거는 앞에서 언급한 수정헌법 제1조였습니다. 자신들의 신앙에 따라 살아가려고 하는데 의무교육이 필요없거나 심지어 큰 방해가 된다면 당연히 이를 거부할 권리가 있고, 국가는 신앙에 반하여 교육을 강제하는 법이나 제도를 만들 수 없다는 것이었습니다.

반면 위스콘신주의 입장은 정당한 절차를 거쳐 법으로 만들어진 교육제도를 개개인이 신앙에 따라 거부하는 것은 인정할 수 없다는 것이었습니다. 더구나 정치·경제·사회적 관계가 복잡해진 현대 사회에서 민주시민으로서 살아가기 위한 소양을 갖추려면 고등학교 수준의 교육이 학생들에게 반드시 필요하다는 주장도 펼쳤습니다.

하지만 종교의 자유를 강조하는 나라답게 법원은 전반적으로 아미시 교도들의 주장에 수긍하는 판결을 내렸습니다. 지방법원에서는 형식적인 수준인 5달러의 벌금만을 부과했으며 항소심에서 위스콘신 대법원은 요더 측의 승소 판결을 내렸습니다.

사건은 최종심인 연방대법원까지 올라갔습니다. 연방대법원의 판결도 앞선 판결들과 그리 다르지 않았습니다. 연방대법원은 다음과 같은 이유들을 근거로 아미시 교도들의 손을 들어주었습니다.

우선 아미시 방식의 교육도 기독교 신앙에 기반하고 있으므로 학교교육에 못지않다고 보았습니다. 노동을 통해 부모로부터 교육을 받기도 하고 아미시 공동체 내에 작은 학교가 있으니 여기서 필요한 교육을 받으면 된다는 것이었습니다. 이런 판단에는 아미시 공동체가 미국 사회에서 모범적인 공동체로 좋은 평판을 얻고 있다는 점도 고려되었습니다.

위스콘신주는 이 학교에 교사를 파견할 수도 없고 교육 과정을 통제할 수도 없으니 사실상 체계적인 교육이 불가능하고 미국 시민으로서 필요한 소양도 기를 수 없다고 주장했으나 연방대법원에서는 2년간 고등학교 수업을 더 받는다고 해서 엄청나게 중요한 것을 배울지 의문스럽다는 견해도 밝혔습니다.

이 언급은 자칫 법원이 '고등학교 교육은 별로 안 중요하다'라고 인정한 것으로 오해할 수도 있으나 실은 의무교육제도의 확대와 관련된 미국 사회 내의 오래된 논쟁이 배경에 자리 잡고 있습니다.

세계적으로 뜨거운 교육열을 자랑하는 우리나라도 의무교육은 중학교까지입니다. 그런데 개인의 책임과 부담을 강조하는 미국에서 고등학교까지 의무교육이 확대된 것은 1929년 대공황의 여파였습니다.

안 그래도 실업자들이 넘치는데 당장 일자리를 늘릴 방법은 없으니 학교를 졸업하고 새로이 취업 시장으로 뛰어드는 청소년들을 붙잡아둘 필요가 있었습니다. 그래서 2년간 고등학교 의무교육 기간을 설정하는 주들이 늘어난 것입니다.

위스콘신주도 이때부터 의무교육을 고등학교로 확대했습니다. 연방대법은 이미 대공황도 극복된 지 오래인데 정책적 의도로 설정된 의무교육을 종교의 자유와 충돌을 감수하면서까지 강제하려면 2년간의 교육이 반드시 필요하다는 근거를 대야 하지만, 이 부분이 충분치 못하다고 지적했습니다.

위스콘신주에서 펼친 또 하나의 주장은 교육 문제에 대한 의사 결정권 문제입니다. 당사자는 학생들인데 소송의 상대방은 부모입니다. 부모의 판단으로 등교를 거부하도록 할 수는 없으며 이는 오히려 학생들 입장에서 신앙의 자유를 침해할 수도 있다고 주장했습니다.

이 주장에 대해서도 연방대법원은 자녀들이 성년에 이를 때까지 교육의 권한은 부모에게 있기 때문에 부모가 자신의 신앙에 기반해서 교육을 받을지 받지 않을지 결정하는 것은 타당한 일이라고 판단했습니다.

요약하자면 연방대법원은 종교의 자유를 보장하고 문화적 다양성을 존중하는 것이 국가의 교육 정책이나 관련 법률보다 우선적으로 고려되어야 한다고 보아 아미시 교도들의 손을 들어준 것입니다.

✍ 끝나지 않은 논쟁

하지만 이것으로 모든 논란이 종지부를 찍은 것은 아닙니다. 연방대법원의 판결 과정에서 대법관 중 한 명인 윌리엄 더글러스 판사는 종교의 자유를 일방적으로 강조하는 것은 문제가 있다는 점을 지적했습니다. 그는 이 사건에서 재판의 주체가 부모와 주정부로만 구성된 것부터 잘못되었다고 말합니다.

부모의 종교적 자유권과 주정부의 입법권보다 더 중요한 것은 정작 교육의 대상이 되는 아이들의 권리와 미래가 아닐까요? 부모들은 신앙을 이유로 내세우고 있지만 아미시 공동체 내에 작은 학교를 세워 교육을 시킬 거라면 굳이 외부 학교에 보내지 않을 이유도 없지 않을까요?

부모들이 진정으로 두려워하는 것은 고등교육을 통해 아이들이 농부나 목공업자가 되는 대신 피아니스트, 우주탐험가, 해양학자가 되어 아미시 전통을 깨고 공동체를 떠나게 되는 것이 아닌지, 만약 그렇다면 부모들이 자신들의 이익을 위해 아이들의 앞길을 막는 것은 아닌지 돌아보아야 한다는 것입니다.

아이들은 아직 세상에 대한 경험과 지식이 부족해서 바깥세상에 어떤 기회와 가능성이 있는지 모릅니다. 이 사건에서 정말로 중요한 것은 아이들이 새롭고 놀라우며 다양한 세계에 들어갈 문이 영원히 닫힌 채로 살게 될지도 모른다는 점을 강조한 것입니다.

하지만 소수의견을 낸 더글러스 판사 역시 최종적으로는 판결에 동의했습니다. 그래서 아미시 교도들은 물론 이후 누구라도 미국 사회에서 종교적 이유로 고등학교 의무교육을 거부하거나, 공동체 또는 집에서 홈스쿨링으로 수업을 받는 일이 가능해졌습니다.

판결의 또다른 이유가 되었던 문화적 다양성이라는 부분도 논란이 있습니다. 2004년 프랑스에서는 전국의 공립 초·중·고등학교 내에서 이슬람교 여성들이 머리를 가리기 위해 두르는 히잡 착용을 금지하는 법을 시행했습니다.

프랑스의 이슬람교인들은 종교의 자유를 침해하고 문화적 다양성을 해치는 무슬림 탄압이라며 강하게 반발했고, 2013년에는 이 문제로 폭동이 벌어지기도 했습니다. 우리나라에서도 많은 분들이 프랑스의 법안 강행이 다문화 사회에 역행하는 지나친 조치라고 비판했습니다.

이에 대한 프랑스 정부의 입장은 민주사회를 유지하기 위해 정치와 종교는 반드시 분리되어야 한다는 것이었습니다. 히잡을 무조건 착용하지 말라는 것이 아니라 공공영역인 공립학교에서만 금지한 것도 이런 이유에서였고, 2011년 얼굴 전체를 가리는 부르카를 공공장소에서 착용하지 못하도록 한 것도 공공의 안전을 위한다는 목적이었습니다.

더 나아가 히잡과 부르카는 이슬람 경전인 코란에서 남성을 유혹할 우려가 있는 머리카락이나 얼굴을 가리도록 한 것이기 때문에 남녀평등을 기본으로 하는 프랑스의 공화국 이념에도 어긋납니다. 그러므로 기계적으로 문화적 다양성을 적용하기보다는 보편적인 인권을 우선시해야 한다는 주장도 제기되었습니다.

우리 사회에서 가장 첨예했던 논쟁으로 양심적 병역거부 논란이 있습니다. 개인이 신념에 따라 군 입대 거부를 한다면 이를 인정할지의 문제입니다. 석가탄신일, 크리스마스같이 종교적인 휴일을 일부 인정하는 것이 타 종교에 대한 차별이 아니냐는 문제 제기도 있습니다. 미국에서는 『성경』에 따라 학교에서 진화론을 가르치지 말고 창조론을 가르쳐야 한다는 논쟁도 100년 가까이 이어지고 있는 상황입니다.

종교와 법, 신념과 정책, 과연 어떤 것이 더 중요할까요?

생각해 볼 문제

Q. 종교적 신념 때문에 아이들에게 예방주사 접종을 거부하는 부모들도 있습니다. 이런 경우 국가 정책과 부모들의 신념 가운데 어느 쪽을 우선시하는 것이 옳을까요?

Q. 만약 미성년자인 자녀가 부모의 종교에 따르기를 거부한다면 이런 갈등을 어떻게 해결하는 것이 좋을까요?

왜 법복은 학위복과 비슷할까?

재판이 벌어지는 법정의 모습을 보면 교회 혹은 성당의 내부 모습과 비슷하다는 생각이 들 겁니다. 판결을 내리는 판사의 자리는 높은 곳에 있어서 목사님이 설교하는 설교단과 비슷해 보이고 그 옆에 나란히 자리를 잡고 줄줄이 앉아 있는 배심원단의 모습은 성가대와 매우 흡사합니다.

원래 중세시대부터 서양에서의 재판은 교회에서 이루어지는 일이 많았으니 모양이 닮은 것도 어찌 보면 당연한 일입니다. 마을이 만들어질 때 가장 크고 높게 지은 건물은 교회였습니다. 이 때문에 많은 사람들이 와서 보고 싶어하는 재판이 벌어지는 곳으로 교회가 가장 적당한 장소였지요.

근대 이전에는 교회가 직접 재판을 주관하는 종교재판 혹은 종무재판도 많았으므로 교회가 재판정을 겸하는 것은 자연스러운 일이었습니다.

이렇다 보니 판사의 복장도 성직자의 복장과 비슷해졌습니다. 성직자들이 주로 빨간색 줄이 들어간 옷을 입은 것과 구분하기 위해 보라색 줄을 넣은 정도가 다른 점이었습니다. (빨간색, 보라색 줄은 현재 우리나라 법관들의 법복에도 사용되고 있습니다. 판사는 보라색, 검사는 빨간색이지요.) 영국의 경우 법조인들의 권위를 높이기 위해 가발을 쓰기도 했습니다.

우리나라는 일제강점기에 법관들이 일본 황실을 상징하는 오동나무 문양이 새겨진 법복에 가발을 대신하는 구름무늬 모자를 착용했습니다. 하지만 해방 후 이 문양을 무궁화 무늬로 바꾸었습니다. 최근에는 법모 대신 넥타이를 매고 간편하게 걸치는 미국식 법복이 사용되고 있습니다.

하지만 모양이 바뀌어도 기본적으로 대학에서 졸업식 때 입는 학위복과 비슷하다는 느낌을 받을 겁니다. 이 역시 중세로 그 기원이 거슬러 올라갑니다.

중세의 대학은 유럽 전역에서 수요가 많았던 성직자들을 길러내기 위한 고등교육기관에서부터 시작됩니다. 박사학위(doctor)란 『성경』의 교리(doctrine)를 가르칠 수 있는 사람을 의미하는 자격증이었죠. 따라서 그 자격증을 부여받는 영광스러운 학위 수여식에서 비로소 진짜 성직자가 되었다는 의미로 성직자의 옷을 입었던 것입니다.

이것이 이어져 현재의 학위복이 되었으니 성직자복이라는 하나의 뿌리에서 학위복과 법복이라는 두 개의 갈래가 만들어진 것으로 볼 수 있습니다. 혹시 학교에서 모의재판을 할 때 법복을 구하기 어려우면 학위복 혹은 성가대복을 구해서 활용해 보세요.

김학준(2001).『가인 김병로 평전』. 민음사.

김홍식(2015).『세상의 모든 지식』. 서해문집.

레너드 케스터 외(2012).『미국을 발칵 뒤집은 판결 31』. 현암사.

마리 자겐슈나이더(2003).『클라시커 50 재판』. 해냄.

마이클 리프 외 저, 금태섭 역(2006).『세상을 바꾼 법정』. 궁리.

이규수 외(2010).『후세 다쓰지』. 지식여행.

이태영(1991).『나의 만남 나의 인생』. 정우사.

전국사회교사모임(2008).『(사회선생님이 뽑은)우리 사회를 움직인 판결』. 휴머니스트.

한인섭(2017).『가인 김병로』. 박영사.

허도산(1999).『한국의 어머니 이태영』. 자유지성사.

허영(2007).『한국헌법론』. 박영사.

후세 간지 저, 황선희 역(2011).『나는 양심을 믿는다』. 현암사.

Shawn Francis Peters(2003). The Yoder Case-Religious Freedom, Education, and Parental Rights. University Press of Kansas.

《한겨레신문》(2018.10.20). "호주제 폐지로 가족 해체되고 '어둠의 세상' 왔나".

《한국일보》(2015.6.15). "20세기 美 최연소 사형수의 억울한 죽음".

대한민국 국회 홈페이지 assembly.go.kr

중앙선거관리위원회 nec.go.kr

20쪽   『사자의 서』에 수록된 삽화   위키피디아

29쪽   경복궁에 있는 해태상   셔터스톡

40쪽   우르남무 법전과 함무라비 법전 점토판   연합뉴스

41쪽   함무라비 법전 복제품   연합뉴스

51쪽   『마녀를 심판하는 망치』 표지   위키피디아

66쪽   마그나 카르타   연합뉴스

110쪽   이승만 전 대통령   한국일보

114쪽   3선 개헌에 반대하는 학생운동 세력   한국일보

133쪽   수전 앤서니를 묘사한 신문 캐리커처   미의회도서관 홈페이지

162쪽   조지 스티니   위키피디아

182쪽   김병로 대법원장의 퇴임식   연합뉴스

211쪽   『변호사 후세 다쓰지』를 쓴 오이시 스스무   연합뉴스

222쪽   이태영 선생   연합뉴스

242쪽   테오도르 제리코, 〈메두사호의 뗏목〉   Photo (C) RMN—Grand Palais(musee du
        Louvre) / Daniel Arnaudet, GNC media

261쪽   뉘른베르크 전범 재판   연합뉴스

268쪽   아미시 교도들   셔터스톡

법에 대해 배운다는 것은 이렇게 '인간으로서 당연한 일'을 머리로 배우고 뼈에 새기는 일이라야 합니다. 하지만 여전히 법에 대한 공부가 단지 존재하고 있는 실정법의 조각들을 사실로서 배우고, 암기하는 것이라고 생각하는 이들이 많습니다. 그렇게 해서 법은 '옳음'으로부터, 그리고 사람들로부터 분리되어 괴물이 됩니다.

더 많은 사람들의 땀과 눈물이 담긴 법의 이야기를 들려주고 싶었습니다. 법은 어느 한순간도 확정되어 있는 사실이 아니고, 늘 '인간다운 세상'이 무엇이어야 하는지 믿고 싸우는 수많은 사람들의 빛이 드리운 그림자라는 것을 말하고 싶었습니다.

—〈프롤로그〉 중에서

청소년을 위한 법학 에세이

초판 1쇄 2020년 6월 25일
초판 13쇄 2024년 6월 10일

지은이 | 곽한영
펴낸이 | 송영석

주간 | 이혜진
편집장 | 박신애 **기획편집** | 최예은 · 조아혜 · 정엄지
디자인 | 박윤정 · 유보람
마케팅 | 김유종 · 한승민
관리 | 송우석 · 전지연 · 채경민

펴낸곳 | (株)해냄출판사
등록번호 | 제10-229호
등록일자 | 1988년 5월 11일(설립일자 | 1983년 6월 24일)

04042 서울시 마포구 잔다리로 30 해냄빌딩 5·6층
대표전화 | 326-1600 **팩스** | 326-1624
홈페이지 | www.hainaim.com

ISBN 978-89-6574-945-5